신전라박물지

신전라박물지

新全羅博物誌

시 최승범 · 글 조석창

도서출판 시간의 물레

신전라박물지를 시작하며

　우리 시대 원로시인 고하 최승범 교수의 '신전라박물지(新全羅博物誌)'가 연재됩니다. '신전라박물지'는 직접 보고 느낀 전라도의 모든 것을 대상으로 한 흥미진진한 탐색기입니다.

　때론 평범한 것, 가끔은 역사적, 문화적 가치가 있는 것이 최승범 교수의 시로 소개됩니다.

　일상생활에서 우리네 삶과 함께한 것들에 대한 실용적 의미를 넘어 그것들에 대한 이미지와 생각이 한 편의 시로 전달될 예정입니다.

　전북은 예로부터 예향의 고장으로 알려져 있습니다.

　전주대사습놀이가 이곳에서 열리고 있으며 전주세계소리축제, 전주국제영화제 등 굵직굵직한 문화행사들이 전북을 알리고 있습니다.

이뿐만이 아니죠. 전북엔 조선왕조를 건국한 태조 이성계의 흔적을 비롯해 백제의 찬란한 부흥을 꿈꿨던 견훤의 호흡을 느낄 수 있는 곳입니다.

신전라박물지는 역사적으로 유명한, 문화적으로 가치가 있는 곳뿐 아니라, 바쁜 일상 생활 속에서 자칫 놓치기 쉬운 곳까지 찾아 갑니다.

주변을 다시 한 번 생각해보는 계기가 될 것으로 기대가 됩니다.

선너머 미나리밭도 좋고, 익산 목천포다리에 몰려든 까마귀들도 좋은 소재가 됩니다. 박물지는 다루지 않는 것이 없을 정도로 모든 것을 다뤄볼 예정입니다.

마치 프랑스의 르느와르박물지처럼 말이죠. 비록 예전 모습과 달라졌어도 제자리를 지키고 있는 것들을 통해 전북의 변화된 모습을 상기하고 또 되챙겨볼 수 있는 기회가 될 것입니다.

新全羅博物誌

고하 최승범 교수는 연재에 앞서 산민 이용 선생에게 특별한 부탁을 했습니다. '신전라박물지' 제호를 멋진 붓글씨로 표현해달라는 것이죠. 쾌히 승낙을 했고, 위에 글씨가 산민 선생의 멋진 작품입니다.

‖ 차 례 ‖

소나무와 잣나무

1.
소나무와 잣나무가
서로 기뻐한다는
송무백열(松茂栢悅)
그대 혹 들어보셨는지
전주향교
명륜당 왼편
뒤뜰에 가
보시라

2.
한겨울 추위런데
나란히 나란히
서로가 서로를 살펴
푸를 청청
하늘도
꿰뚫어 치솟은
세찬 기운 아닌가

3.
혜란이 불어 타면
난초가 슬퍼한다는
혜분난비(慧焚蘭悲)
뚱딴지 소리 접어 두고
오는 날
오는 날도 가없는
송무백열 즐기자구

400년 넘는 역사를 자랑하는 전주향교는 역사만큼이나 우리나라에서 가장 아름다운 향교로 꼽힌다. 드라마 〈성균관 스캔들〉 촬영장소로 유명하지만 전주향교 명물은 은행나무로 꼽힌다. 향교의 역사와 함께하는 은행나무는 5그루가 있으며, 가을이면 향교를 노랗게 물들이는 장관은 그야말로 압권이다.

하지만 사람들 눈에 잘 보이지 않는 것이 있으니 바로 소나무와 잣나무다. 명륜당 한 켠에 자리잡고 있는 소나무는 수령이 500여 년 가깝게 된 노거수로 명륜당을 뒤덮을 마냥 휘어져 자라고 있다. 명륜당을 보호하기 위해 자란 듯 맛깔스럽게 휘어진 소나무 옆엔 잣나무가 자리잡고 있다.

소나무는 한국의 아름다움을 상징한다. 조상들은 소나무에 인격과 신성성을 부여했다. 영원불멸을 상징하는 것 중 하나며, 겨울에도 푸름을 유지하고 있는 것을 군자의 덕으로 빗댔다. 애국가에는 민족정신을 의미하는 가사가 들어가 있다. 중국에서도 소나무는 용기, 성실, 장수 등을 상징한다. 공자는 소나무를 덕으로 비유했다.

잣나무는 소나무와 비슷한 형태지만 주로 높은 산에서 자란다. 크게 자라는 것은 50미터가 넘을 정도로 거대한 나무로 주변에서 흔히 볼 수 없다. 도심에서 흔히 볼 수 있는 잣나무는 수입된 품종으로 곧게 자라고 아름다워 조경수로 많이 활용된다. 하지만 열매는 먹을 수 없다.

두 나무의 특징은 일 년 내내 푸름을 간직하는 점이다. '추운 겨울이 된 뒤에야 소나무와 잣나무가 푸름은 안다'는 공자의 말처럼 푸른빛을 가진 나무는 이익에 야합하지 않고 의리를 지키는 이성적 인간을 상징하고 있다.

두 나무를 보고 있노라면 송무백열 글귀가 저절로 떠오른다. 소나무가 무성하니 이웃 사촌인 잣나무가 기뻐한다는 뜻으로 이웃의 잘 됨을 보고 기쁨을 함께 나눈다는 의미다.

전주향교엔 또 다른 소나무가 관광객들을 맞이하고 있다. 대성전 바로 앞 각각 양쪽에 약 2m 크기의 소나무 두 그루가 있다. 나무 앞엔 '삼강오륜목'이란 팻말이 있다. 팻말처럼 대성전 왼쪽 소나무는 세 가지가 한 나무를 이루고 있어 삼강을 뜻하고, 오른쪽 소나무는 다섯 갈래로 오륜을 나타내고 있다. 저절로 자란 것보다 삼강오륜을 뜻하기 위해 접목을 하지 않았을까 하는 추측도 든다.

은행알의 맛과 빛

1.
은행나무는 고전적이라 했다
암 수를 들어
이야기해도
서로 간
정을 섞지 않는
의연한
나무란다

2.
은행은 얇은
막에서 벗어나면
투명한 살결이다
비취옥이다
발 넘어
반쯤 가려진
여인의
얼굴이다

3.
그대 혹 장시간
프리이팬에서
은행알 튀는 소리
들어본 일 있으신지
저 소리
한바탕 소낙비엔
어떤 홍결
이셨는지

둘레도 어마어마하다. 어찌나 높은지 고개를 올리면 하늘을 덮을 듯하다. 전주한옥마을 동학혁명기념관 앞 은행나무다. 무려 600여 년의 수령을 자랑하는 은행나무는 1982년 보호수로 지정돼 더욱 관심을 받고 있다. 봄의 초입이라 맨 몸을 드러내고 있지만 곧 피어날 잎은 나무 전체를 덮으며 장관을 이루게 된다. 파란 잎은 가을이면 노란색으로 옷을 갈아입으며 한옥마을 관광객들의 탄성을 자아내기도 한다. 학이 날개를 펼친 형상을 보면 '뿌리깊은 나무는 바람에 흔들리지 않는다'는 용비어천가 구절이 저절로 떠오른다.

일찍이 가람 이병기 선생은 이 거대한 나무를 '공손수'라 표현했다. 양사재에 기거할 때 매일 이곳을 지나며 나무를 지켜봤다. 그는 이 나무를 '거물'에 '늙지 않는다'고 했다. 심지어 앞을 지날 땐 고개를 숙였다고 한다. 높이 16m에 둘레 4.8m니 그럴 만도 하다.

'여기 한 거목이 있다. 갑오는 물론 병자, 임진의 난을 모다 겪었다. 만약 그 팔을 편다면 온 동네가 그늘지고 똑바로 선다면 구름도 이마를 스쳐 가고 그저 소박 장엄하다. 봄은 봄, 가을은 가을로서 천지와 함께 늙지를 아니한다. 내 마냥 그 앞을 지나면 절로 발을 적이고 고개도 아니 숙일 수 없다.'

이 나무는 조선 개국공신 월담 최담 선생이 귀향한 후 후진양성을 위해 심은 것으로 전해진다. 월담 최담은 아들이 태어나자 이를 기념해 이 나무를 심었다. 최씨 종대에 이 나무가 있는 이유다. 은행나무는 벌레가 잘 슬지 않는다고 해 최담은 유생들의 청렴을

기원하는 의미도 함께 담았다.

그렇다보니 나무에 대한 이야기들이 많다. 어느 옛날 가난한 집안에서 태어난 아이가 공부를 하지 못하자 양반집 담벼락에서 귀동냥으로 공부를 시작했다. 그걸 안 양반이 모른 채 책을 담벼락 밖으로 버렸고 아이는 그 책으로 공부에 전념했다. 후에 장원급제를 하게 되고 이 사실을 알게 된 양반은 은행나무를 심어 공부에 대한 아이의 열정을 나타냈다고 한다. 또 하나 재미있는 이야기는 이 나무가 자식까지 있다는 것이다. 나무가 나무를 낳은 것인데, 나무뿌리 근처에 자란 조그마한 은행나무가 후손이라는 것이다. 이를 위해 국립산림과학원은 DNA검사까지 진행해 유전자가 일치하는 것을 확인했다. 혹 다른 나무에서 씨앗이 날아와 자랄 경우가 있어 친자확인까지 한 셈인데 두 나무 유전형질이 완벽히 일치하는 것을 확인했다. 또 씨앗에 의한 발아가 아니라 노거수 뿌리에서 직접 돋아난 '맹아묘'로 최종 판정됐다. 전주시는 늙은 은행나무가 수명을 다하면 어린 나무를 후계목으로 정해 관리할 것으로 알려지면서 노거수는 후손뿐 아니라 후계자까지 스스로 만든 나무다. 이 고목 자체의 장엄함과 신비함으로 인해 많은 사람들은 지금도 소원을 빌고 가는 필수코스로 자리잡고 있다.

물미나리

1.
서원(書院) 넘어 미나리꽝
아 이젠 옛 이야기
상전벽해란
이를 일러 이름인가
미나리
미나리꽝도
눈 씻고도
볼길 없네

2.
물음 물음 찾던 길
무논 일꾼 반가워라
미나리꽝 묻자
장다리 꽃철이란다
연삽한
철미나리는
삼월이면
다 쇤단다

3.
이제야 알겠네
목월(木月) 시인 하신 말씀
2월에서 / 3월로 건너가는
바람결에는 / 싱그러운 미나리
냄새가 품긴다 / 해외로
나간 친구의 / 체온이 느껴진다.

4.
미나리
살진 맛을 끝내
잃었는가
오늘이여

　전주미나리는 예부터 전주 8미 중 하나로 임금께 진상될 정도로 유명하다. 미나리 재배로 유명한 선너머는 지금 중화산동 고개 너머다. 지금도 선너머 미나리꽝이란 말이 회자될 정도다. 하지만 이곳은 아파트가 들어섰고 미나리가 자랐던 방죽은 사라져 버렸다. 상전벽해란 말을 인용하지 않아도 많은 변화가 있음을 알 수 있다. 전주미나리는 외곽으로 밀려나 재배되고 있으며, 중인리나 삼천동 등 노지를 비롯해 하우스 미나리가 우리 밥상에 오르고 있다.

　미나리는 영하 10도의 엄동설한에 채취를 한다. 최근 찾은 곳은 이미 미나리 채취가 끝난 상태며, 한 쪽에 가을 채취를 대비하기 위한 어린 미나리만 볼 수 있다.

　미나리 작업 현장은 그리 만만치 않은 곳이다. 얼음이 살짝 얼은 물에 들어가면 차가운 기운으로 몸이 에린다. 물이 들어가지 않는 옷과 삽 한 자루가 작업에 필요한 연장의 전부다. 나머지는 어깨까지 물이 차오르는 것을 감내한 작업자의 몸이 해야 한다. 우선 삽으로 미나리를 파내고, 둥둥 떠오른 것을 가지런히 맞춘 다음 뿌리에 붙은 흙을 물에 털어낸다. 드넓은 논바닥을 이렇게 파헤치고 다니다보면 어느새 입가에선 훈김이 나게 된다. 이런 고된 작업을 통해서만 만날 수 있는 게 전주 미나리다. 세상에 쉬운 것 하나 없다더니 미나리를 보면 더욱 그렇다.

　전주 미나리는 줄기가 연하고 각종 영양이 풍부해 많은 사랑을 받고 있다. 특히 물미나리는 물속에서 자라 맛 또한 일품이다. 각종 생선탕을 비롯해 미나리 무침 등으로 쉽사리 만날 수 있으며 특히 지난 밤 숙취해소에 효과가 좋은 것으로 알려져 있다. 이뿐만이 아니다. 미나리는 혈액의 산성화를 막아주고 독을 중화시킨다. 섬유질이 풍부해 변비에도 큰 효과가 있는 것으로 알려져 있다. 또 미국 매사추세츠 종합병원 연구지에 의하면 혈압을 내리고 심장병, 신경통, 통풍 등에 효과를 보는 것으로 알려져 있다.

　전주 미나리의 효과는 문헌에도 쉽게 찾을 수 있다. 세종 시대 간행된 '향약집성방'엔 미나리 약효가 상세히 설명돼 있으며, 전주 미나리는 세종 전부터 재배돼 진상됐고, 맛과 품질, 규모면에서 전국 최고였던 것으로 전해진다. 건강에 좋고 전주를 알리는 데 큰 효과가 있으니 전주 미나리는 그야말로 건강채소요, 팔방미인인 셈이다.

붕어섬

1.
운암저수지
둘레길 돌고돌아
가까이 멀리
연신 챙기다
한 지점
붕어섬이란다
'도승하다'
탄성들이다

2.
봄여름 갈
겨울 생각하면
-붕어섬
지느러미 너울너울 흔들며
사철을
마냥 챙기고도
모자랄 것
없겠다

3.
길복이란 이를
이름이던가
아침비 머리 들고
하늘빛도 푸른데
삽상한
숨결 한껏 모아
몰아 쉬고
내 쉬고

4.
문든 떠오르는
애송시 한 수
'녹음이 종이가 되어 / 금붕어가 시를 쓴다'
(이산 김광섭, 1905~1977)
붕어섬
금붕어 되어
살래살래
꼬릴 흔드네

임실 옥정호를 가면 이상하게 생긴 섬이 있다. 붕어섬이라 불리는 외앗날이다. 생긴 모습이 영낙없이 붕어를 닮았다 해서 붙여진 이름이다. 교통이 좋지 않은 시절, 사람들 관심을 받지 못했던 붕어섬은 최근 사진작가들에 의해 알려지기 시작했다. 추운 겨울이 나 더운 여름 가릴 것 없이 붕어섬은 멋진 장관을 연출한다.

붕어섬을 제대로 보기 위해선 인근의 국사봉에 올라야 한다. 계단을 오르다보면 붕어 섬을 볼 수 있는 세 곳의 포인트가 나온다. 첫 번째 포인트에서 보는 붕어섬과 두 번째, 세 번째 포인트에서는 비슷하면서 각각 다른 모습의 붕어를 만날 수 있다.

물안개가 끼는 새벽, 이곳을 찾으면 또 다른 붕어가 기다리고 있다. 보통 물안개는 저

녁 기온과 아침 기온이 차이가 많이 날 때 생긴다. 일반적으로 늦가을경인 10월~11월 물 안개가 생기기 마련이다. 물안개 사이사이로 눈에 들어오는 붕어섬은 마치 강태공에게 잡히기 싫어하는 물 속 물고기 모양새다. 한껏 자태를 뽐내며 물안개에서 헤엄치는 붕어 섬은 그야말로 제 세상을 만났다.

국사봉 정상에서 반대방향으로 고개를 돌리면 이상한 봉우리 두 개가 보인다. 마이산 이다. 새벽에 이곳에 오면 물안개에 덮인 붕어섬을 비롯해 마이산을 배경으로 떠오르는 해까지 눈에 담을 수 있다. 일거양득인 셈이다.

지난 2012년엔 붕어섬이 사라진 적도 있었다. 지독한 가뭄으로 옥정호 바닥이 드러나 면서 붕어섬이 육지로 변해버린 것이다. 물 없이 살 수 없는 게 붕어이니 가뭄에 섬이 사라지는 게 역시 이름값 한다는 생각도 든다.

붕어섬 인근 자랑거리는 이 뿐만이 아니다. 붕어섬을 중심으로 한 순환도로가 또한 멋 진 풍경을 자아낸다. 이 도로는 최근 건설교통부가 선정한 전국 아름다운 길 100선에 꼽 힐 정도로 소문난 드라이브 코스다. 도로 곳곳에도 풍경 감상을 위한 휴게시설이 설치돼 있어 여유를 가지고 옥정호를 감상할 수 있다. 또 한국관광공사에서 지정한 가 볼만한 곳만큼 아름다운 풍경을 제공해 일거양득이 아니라 일거삼득인 셈이다.

탱자 이야기

1.
탱자 울타리는 가시가 무서웠다
다래끼 따는 메스 구실도 했다
내 눈의 다래끼 생각은 떠오르지 않는다
어레빗 등을 달궈 다래끼 따는 일
눈시울 움키자마자 순식간의 일
아이들 질겁할 틈도 아예 두지 않았다

2.
시온(Zion)성도 아닌
탱자울 이야기에
이건 또 개코 아닌
웬 소리련가
내 속셈
비율빈(比律賓) 한 객담으로
농땡일 치자는
거야

3.
레몬 오렌지 키위 망고
별별 쥬스도 많았다
그 중의 하나

-Karamansi(탱자)는
여독을
푸는 데에는
장땡이라
풍을 치데

　어린 시절 흔하고 흔한 탱자나무 울타리는 이제 보기 드문 광경이 됐다. 시골마을에도 가시가 없는 나무와 모양이 좋은 나무들이 그 자리를 대신하고 있을 뿐이다. 어린 시절 시골마을엔 탱자나무가 천지였지만 이제는 한 편의 추억이 됐다. 놀이문화가 없던 시절, 탱자를 마구 던지고 놀던 시절은 예전 이야기다.

　중인리 모악산 올라가는 외진 마을로 가보니 아직도 탱자나무로 울타리를 하고 있는 풍경을 볼 수 있다. 때가 일러 탱자가 본격적으로 열리지 않았지만 곧 하얀 꽃이 피고 가을엔 노란 탱자가 주렁주렁 열리는 모습을 쉽게 연상할 수 있다. 노랗게 익은 탱자열매는 생각만 해도 그 향이 코끝을 감도는 것 같다.

　가시가 많은 탓에 탱자는 울타리 뿐 아니라 죄인을 가둬두는 역할도 했다. 조선시대 행해졌던 위리안치(圍籬安置)는 죄인이 달아나지 못하도록 가시로 울타리를 만들고 그 안에 가뒀다. 전라도엔 가시나무 대신 탱자나무가 많아 이 형을 받은 사람은 대부분 전라도 연해 섬으로 보내졌다. 탱자는 번식이 강한 식물이다. 탱자 안에 들어있는 콩알만한 씨앗이 모두 싹으로 나온다. 하나하나 떼어 울타리 빈 곳에 심으면 이듬해 울타리 역할을 해 준다. 예쁜 꽃도 보여주고 열매도 제공하고 또 낯선 이들의 접근을 막아주니 이보다 감사한 데가 어디 있으랴!

　탱자의 고마움을 여기서 끝나지 않는다. 귤, 유자과에 속하는 탱자는 피부질환과 기관지질환에 효과가 좋은 것으로 알려져 있다. 비타민 C가 풍부해 가래를 삭이는데 도움이 되고, 몸 속 나트륨 배출을 도와주며 혈류 흐름을 좋게 해 준다. 또 신장의 기능을 증진시켜 부종을 예방하고 가려움과 두드러기에 효과가 커 아토피가 심한 사람은 탱자 끓인 물로 목욕을 하는 게 좋다고 한다.

추억의 꽃말을 가진 탱자는 관련 전설도 있다. 먹고 살기 힘든 한 과부가 자신의 딸을 인근 부잣집 노인의 쌀과 바꾸게 된다. 딸은 첫날밤을 치른 후 목을 매 자살을 했고, 화가 난 노인은 묻지도 않고 언덕 너머에 버렸는데, 누군가 이 딸을 평지에 묻어주게 된다. 이듬해 봄 딸이 묻힌 자리에는 가시가 가득한 나무가 자랐는데 바로 탱자나무였다. 가득한 가시는 누가 자신을 범하지 못하게 방어하는 것이라 여겨져 사람들은 전국에 옮겨 나무를 심었다고 전해진다.

귀신사

1.
귀신사 길 챙겨
귀신사 가는 길
얼마만인가
설레는 마음
벚꽃은
일러 피지 않았고
마음 앞서
달리네

2.
주지 스님 연줄의
유엽(柳葉) 야석(也石) 두 선생
귀신사 길 오가며
시 많이 읊었으리
접때 일
우리 문학사
밝혀 두렷
하다네

3.
이쯤 각설하고
입입 전하는
구신석(拘腎石) 음문욕조(陰門浴槽)
들으셨는지 몰라
거시기
귀신사 오늘 얘기는
여기 이만
주리러네

전주에서 금산사 방면으로 가다보면 이정표 하나가 눈에 들어온다. 이름만 들어도 가슴이 서늘할 귀신사다. 귀신과 관련될 것으로 오해할 법하나 사실상 전혀 연관이 없다. 귀신사는 돌아올 귀자와 믿을 신 즉 믿음이 돌아온다는 사찰로 풀이된다.

귀신사는 신라 676년 창건된 것으로 알려졌다. 원래 이름은 국신사였는데 임진왜란 때 폐허가 되었다가 1873년 다시 만들어지면서 이름도 현재와 같이 변경됐다. 지금은 조그마한 사찰이지만 중건됐던 고려시대에는 대단히 큰 규모의 대찰로 전해진다.

사찰은 돌계단을 올라서면 바로 경내가 나온다. 제일 먼저 눈에 들어오는 것은 대적광전으로 1985년 보물 제826호로 지정됐다. 17세기 조선시대 건립된 것으로 추정되는 대적광전은 정면 5칸, 측면 3칸의 목조건물이다. 내부엔 나무로 골격을 만들고 진흙을 붙여가면서 만든 소조불상이 있다. 임진왜란 이후 많은 목조불상들이 훼손된 나머지 불에 강한 흙으로 만들어 사전에 훼손을 방지했을 것으로 추정된다.

대적광전 뒤 언덕 계단을 오르면 전북유형문화재 제62호인 삼층석탑과 제64호인 석수를 만날 수 있다.

특이한 것은 석수인데 웅크리고 있는 사자상 위에 남근석이 놓여 있다. 사찰에 남근석이 있는 것은 흔치 않은 일로, 원래 이곳이 풍수지리적으로 좋지 않은 지역이라 그 기운을 누르기 위해 만들었다는 설이 전해진다. 또 내원사찰이 없던 백제시대, 귀신사에 남

근석을 두고 왕실 후손을 기원했다는 이야기도 내려온다. 내용이야 어떻든 사찰 내 불교
와 민간신앙이 결합된 조각상이 존재하는 것은 매우 이례적이다.

귀신사가 사람들 주목을 받게 된 것은 소설가 양귀자씨가 소설 〈숨은 꽃〉의 배경을
삼으면서부터다. 양귀자씨는 소설 속에서 귀신사를 자주 언급했다. 그는 귀신사를 '신이
돌아오는 자리'라고 표현했다.

"지난 가을 귀신사는 우선 이름으로 나를 사로잡았다. 영원을 돌아다니다 지친 신이 쉬러
돌아오는 자리. 이름에 비하면 너무 보잘것없는 절이지만 조용하고 아늑해서 친구는 아들
을 데리고 종종 그 절을 찾는다고 했다."

귀신사는 특이한 것이 또 있다. 남근석이 남성을 상징하는 것이라면 여성을 상징하는
물건도 만날 수 있다. 대적광전 앞마당 한 구석에 있는 돌로, 당초 용도는 목욕물을 받는
돌 욕조로 알려져 있지만 쪼개져 있다. 그 형태가 마치 여성을 상징하는 형태로 돼 있어
남성과 여성의 상징물이 동시에 존재하는 곳이다.

흑석골에서

1.
남천(南天) 살아 생전
찾지 못한 이 골 찾아
꿈으로 가꾸던
남천의 꿈 헤아려 본다
왜 이리
이리도 허퉁한가
이 꿈의
조각들

2.
어디 선가 금시라도
나올 것만 같아
인기척 하며
기웃거려도
주인은
대구가 없다
적적할 뿐
괴괴할 뿐

3.
남천 생시의 꿈
흑석골 미술관에
우리들 울역의 힘
모을 수는 없을까
산 좋고
물 좋고 바람 좋고
햇살은 또
어떻고

4.
흑석골 내림길 서서
잠시 뒤를 돌아본다
-〈산천은 의구하되
인걸은 간데 없다〉
한 가락
옛노래를 짚어본다
다릿심이
풀린다

　전주 서학동 일원에 있는 흑석골은 불리는 이름이 많다. 바위가 절반 흙이 절반이라 반석리(半石里)라 불리고, 이 바위가 모두 검은빛을 띠고 있어 흑석골(黑石)로 알려져 있다. 또 일 년 내내 계곡물이 마르지 않아 전주 특산물인 한지생산공장이 많아 한지골(韓紙)로도 불렸다. 하늘과 땅, 사람과 자연이 아름다운 추억을 안고 서로를 섬기며 살던 고장이었다. 인근에 흐르는 보광재 계곡의 물은 풍부한 수량을 자랑했으며, 흑석골의 상징인 검은색 바위들은 계곡 이곳저곳에서 자태를 뽐내고 있다.

　이곳은 불과 십여 년 전만 해도 사람들 인적이 뜸한 곳이었다. 전주에서 평화동으로 가는 길목에서 좁게 난 길로 접어야만 접할 수 있는 소외된 곳이었다. 하지만 개발붐이 이곳에도 미치기 시작했고 한지공장이나 옛 풍토는 어느새 자취를 감추게 됐다. 그 공간엔 아파트와 상가들이 자리를 잡고 있다.

최근 찾은 흑석골은 십여 년 전 모습과 영 딴판이다. 도랑이 흐르고 새 소리로 가득했던 옛 모습은 간데없고 사람들이 붐비는 여느 동네와 같다. 한지를 생산했다는 공장은 흔적조차 사라지고 말 없는 물만 하염없이 흐르고 있다.

흑석골이 전주문화계 인사들로 관심을 받은 것은 남천 송수남 화백 때문이다. 2003년 홍익대를 퇴임한 그는 5년 전 이곳 흑석골에 보금자리를 폈다. '새로운 한국화의 정립'이란 기치 아래 동양의 고유한 정신을 추구했던 그는 흑석골에 작업실을 마련하고 작품 활동에 정진했다. 그의 맏동무들이 이곳을 자주 들렸고, 노 화백의 귀향을 환영하는 주민들의 현수막도 걸릴 정도였다. 하지만 남천은 귀향한 지 얼마 되지 않은 2013년 지병으로 세상을 떠났다. 그가 머물렀던 흑석골엔 멋들어진 살림집과 작업실이 있지만 주인 손을 타지 않은 티가 물씬 풍긴다. 문은 굳게 닫혀 있고 정원은 어수선하기만 하다. 살아생전 작업해왔던 각종 도구와 캔버스만이 작업실을 지키고 있다.

지금도 흑석골은 공사가 한창이다. 하천 복개작업을 위한 공사장비들이 방문자의 발길을 어지럽게 하고 있으며, 풍경이 으뜸인 산 속엔 음식점들로 가득하다. 인위적인 개발이 언제까지 지속될지 모르지만 옛 풍경을 기억하는 사람들로선 아쉽기만 하다.

팔학골

1.
골짜기 아닌
번듯한 한길이다
뒷동산 아닌
둥실한 안산이다
팔학골
전해 온 이름은
십장생
학일터

2.
안산 울울창창
소나무 뿐 아니다
훌쩍 키 솟은
히말라야삼나무 속
서로들
꿈을 가꾸어
한 하늘을
이고 있다

3.
하늘 끝나래 펼쳐
유유히 날고 있는
저켠은 학이고
이켠은 왜가린가
천애를
나는가 하면
땅위도
날아앉네

4.
말로만 들어온 길
팔학골 반나절 길
돌아와도 되짚고
되챙겨 보는 길
한생을
학처럼 늙는
오롯한 길
없을까

전주시 송천동 팔학골은 이름 그대로 학과 깊은 연관이 있다. 주변 8개의 봉우리가 학과 닮은 형국이란 말도 있고, 날개를 편 학 한 마리를 닮았다는 것에서 유래되기도 한다. 그만큼 외진 곳이란 뜻이다.

또 일부에선 팔학골의 어원이 '크고 넓은 것'에서 유래된 것으로 지금의 벌판에 해당되는 의견도 있다.

과거 이곳은 학이 집단 거주할 정도로 인적이 뜸한 곳이었다. 최근 들어 개발붐이 나면서 아파트와 집단 거주지가 만들어졌고, 도로가 뚫리면서 접근이 쉬워졌다. 팔학골로

들어가는 입구도 새로 생긴 도로로 인해 한층 편해졌다.

팔학골은 학과 관련된 이야기가 전한다. 이곳을 찾은 천 년 묵은 어미학이 알 8개를 낳았는데 어느 날 용새끼가 자신의 알을 품고 있는 것을 발견하게 된다. 깜짝 놀란 학은 용새끼와 목숨을 건 싸움을 진행하는데 그 싸움이 어찌나 컸던지 주변의 흙이 날아가고 나무가 뽑히는 등 천지개벽을 동원했다.

이 틈에 땅에 떨어진 알은 부화가 되지 않았고 울다 지친 어미학도 땅에 떨어지게 됐는데 그 자리가 오늘날 마을의 지형이 됐다고 한다. 그 말을 입증이나 하듯 지금도 이곳은 백로의 보금자리로 자리매김을 하고 있다. 한 때 수백 마리가 이곳에 터를 잡고 있었지만 지금은 그 수가 현저하게 줄어들었다. 대신 그 빈자리는 사람들이 채워가고 있다. 청렴한 선비를 상징하는 백로가 전주 도심 가운데 둥지를 틀면서 생태계 회복에 긍정적 평도 나왔지만 오히려 주민들은 공존 자체를 거부하고 있다.

이들의 배설물 냄새로 살기 어렵다며 서식지 이전을 강하게 요구하고 있기 때문이다. 주민들 고통을 모르는 바는 아니지만 사람과 자연이 함께 공존할 수 있는 환경조성이 아쉬울 때다. 자연과 동물은 더 이상 정복이나 배척의 대상이 아니며 그럴 만한 권한도 우리에게 없기 때문이다.

물길 산길 꽃구름길

1.
수돗골 눌러앉은
완산시립도서관
-지자요수 인자요산
물도 산도 어울렸거니
앞날도
길이길이 뒷날도
번듯한
요람일터

2.
수돗골 오르막길
가파른 길 걷는다
-좌고 우면
더듬더듬 걷다 보면
도서관
정문이 바로
눈앞이다
코앞이다

3.
도서관 옆 뒤돌아
꽃대궐 길 오르면
-무릉도원
일러온 선경이 따로 없다
눈 들자
투구봉 한자락이
옛 사설을
펼친다

4.
이 하루 꽃나들이
꽃 흥이 절로 인다
황매 백매 홍매 죽도화 홑벚꽃 겹벚꽃
개꽃 참꽃 흰진달래 띠풀삐비꽃 매발톱나무
금낭화 애기메꽃 은방울꽃 물싸리꽃
꽃 아래
망연히 앉아
돌아갈 길
잊고 있다

　그야말로 꽃 풍년이다. 꽃구경 하기가 이보다 좋은 곳이 없을 정도다. 전주완산시립도서관 뒷동산은 해마다 이맘때면 꽃들이 절경을 이룬다. 언뜻 보면 붉게 물든 것이 가을 낙엽 같지만 실제론 빨간 철쭉이 사람들을 맞는다. 빨간 철쭉 안에 앉아 있노라면 온 세상이 붉다. 이뿐이랴. 빨갛기론 나도 있다며 고개를 내민 겹벚꽃도 상춘객을 맞고 있다. 이곳은 완산공원 겹벚꽃과 철쭉의 군락지로 많은 사람들의 사랑을 받고 있다. 또 사과나무꽃, 조팝나무꽃, 단풍나무꽃 등도 볼 수 있어 다양한 꽃들이 봄나들이를 부추긴다.

오전 9시. 일요일을 감안해도 벌써부터 사람들로 붐빈다. 동산을 올라가는 길엔 차량이 뒤섞여 있고 그 틈을 비집은 채 어른 아이 할 것 없이 걸음을 재촉한다.

이 꽃동산은 완산칠봉 봉우리 가운데 투구봉이다. 유달리 벼락을 많이 맞아 나무가 살아남지 못한 밋밋한 산등성이다. 그 모양이 군인들 투구처럼 보인다 해 투구봉이라 불린다. 벼락을 자주 맞은 이유는 현재는 없어졌지만 산꼭대기에 철분이 많은 바위 때문으로 알려져 있다. 이 투구봉은 비화가 전해지고 있는데, 1957년 11월 전주지역 깡패들 47명이 이곳에서 석전(石戰)을 벌이게 되고 결국 경찰에 일망타진된 기록이 있다.

많은 사람들로 사랑받는 꽃동산에 이런 암울한 과거가 있다니 웃음이 절로 나온다.

깡패들 격전지에서 꽃동산으로 탈바꿈하게 된 것은 한 사람의 열정이 숨어 있다.

인근에 거주했던 토지주 김씨는 1970년대부터 철쭉, 벚나무, 백일홍, 단풍나무 등을 40여 년 동안 가꿔왔다. 세월이 흘러 철쭉은 아름다운 자태를 뽐내게 되고, 조경업자들로부터 매매의 유혹에 흔들리던 찰나 그는 시민들을 위한 장소로 공개하겠다는 결심을 한다.

결국 2009년 전주시가 이곳을 매입하고 전망대와 정자, 파고라, 산책로 등을 만들면서 현재의 모습을 갖추게 된다. 2010년 4월 시민들에게 개방됐고, 각종 언론에 소개되면서 시민들 발걸음이 끊임없이 이어지는 명소가 됐다.

가람 고택에서

1.
스승님 고택 찾아
원수리(源水里) 길 들었다
어딘지 모르게
주변 많이 달라지고
때마침
이슬비 내려
애틋한 정
일어라

2.
대숲길 더터 올라
산소에 절 마치고
용화산(龍華山) 천호산(天壺山)
앞뒤를 바라는 사이
하늘도
비를 들어서
걸음걸음
가벼웠다

3.
스승님 때로 쉬신
모정은 간곳 없고
치솟은 동상은
우러르기 어려워라
수우재(守愚齋)
툇마루에는
티끌 떨져
가득하고

4.
스승님 상여 뒤를
사모님 부축한 일
눈앞 어리어
어제만 같은데
어느덧
47년인가
반세기를
헤아리네

　익산시 여산면 원수리 573번지 진사동에 있는 가람 이병기 생가는 한식 건물로 1973년
전북도 기념물 제6호 지정됐다. 이 생가는 1901년 건축된 것으로 특별한 건축적 특징은
없으나 양반집의 배치를 따르고 있다. 고패 형식의 안채와 일자형 사랑채, 고방채, 모정
으로 구성됐다. 입구에 세워졌던 3칸의 행랑채는 철거됐다. 모정 앞쪽에는 두 개의 작은
못이 있고 뒤쪽에는 일꾼을 위한 각각 1칸의 방과 부엌으로 된 외딴채가 있다. 지붕은
원래 초가였으나 후에 기와로 개량되었다고 다시 초가로 환원됐다. 크지도 않고 옹색하
지도 않은 집채 그리고 집 뒤의 대나무숲에 이르기까지 선비집의 은은하고 담백한 생활

의 멋을 느낄 수 있다.

생가엔 수우재란 사랑채가 있다. 지혜를 숨기고 겉으로 어리석은 채를 한다는 뜻의 수우재는 마치 일제 강점기 때 조국과 민족에 대한 사랑을 숨기고 살아간 본인의 모습을 연상시킨다. 허세나 야단스러움이 없는 생가는 좁다란 마루에 걸터앉아 햇볕이라도 쬐고 싶은 친밀감을 준다.

가람은 평소 술복, 제자복, 화초복 등 세 가지 복을 타고났다고 자처했다. 아침에도 술을 먹었고 점심과 저녁에도 술을 먹었다. 밥보다 술이 영양가가 많다는 게 선생의 지론이었다. 제자로는 전북을 대표하는 고하 최승범 교수가 대표적이며, 난초사랑은 부인의 질투를 받을 정도였단다.

집 옆엔 아주 오래된 탱자나무가 있다. 이 나무는 수령이 최소 200년 이상 추정되고 있으며 높이가 약 5m에 달한다. 탱자의 기품이 가람의 기품과 닮았다고 해 익산시는 탱자나무를 명물로 지정했다.

생가 옆 오솔길을 오르면 가람의 묘를 만날 수 있다. 모양은 우리 시대 최고의 국문학자답지 않게 조촐하다. 비석을 크게 만들지 말라는 생전 유언에 따른 것으로 생각된다.

꽃잔디

1.
어린시절 뛰놀았던
자운영 밭이 아니다
골 안을 들어서자
층층의 꽃잔디가
십리 길
연등을 밝힌
등행렬이
장관이다

2.
꽃잔디란 말
서슴없이 썼지만
〈표준국어대사전〉에도
아직 올라있지 않다
얼마쯤
기다려야만
제 항렬을
찾으리라

3.
굽이굽이 돌고돌며
천지사방 하늘과 땅
두 어깨 활짝 펴고
활연히 가슴 열고
꽃잔디
이 한 골짝을
대견하다
다시 본다

4.
당(唐) 나라 시인
원신(元愼)은
-호중천지건곤외(壺中天地乾坤外)
를 노래했거늘
나 오늘
꽃잔디 동산이 바로
별세계라
부르고 싶다

　　진안군 원연장마을은 일명 꽃잔디마을로 불린다. 마을 입구에서부터 작은 동산 동산
이 온통 꽃잔디다. 매년 봄이 되면 4만여 평에 이르는 꽃잔디의 향기가 넘실거린다. 동
산 올라가는 길조차 분홍 색감이 덮여져 마을 전체가 붉음 그 자체다. 마을은 그리 크지
않고 여느 마을과 다름없는 시골 그대로다. 하지만 언덕을 오르다보면 대지위에서 바람
결에 흔들리고 있는 꽃잔디 모습은 그야말로 장관이다. 마을 하나를 꽃잔디로 꾸며놓은
모습이 참 인상적이다. 걷고 걷다보면 잘 가꾸어 놓은 꽃잔디에 취해서 얼굴에 미소가
번진 채 또 걷는다. 꽃으로 시작해 꽃으로 끝나는 형국이다.

당초 이 마을은 1,131년 형성이 됐는데 거주민들이 이곳에 절을 짓고 불교를 숭상하면서 마을의 역사가 시작된다. 현재의 모습은 1,800년대 만들어졌는데 마을 뒤 부귀산이 양팔을 벌리고 따뜻한 양지를 형성하고 있어 지금의 연장리가 되었다고 한다.

꽃잔디의 꽃말은 희생이다. 그 꽃말처럼 이 마을 꽃잔디는 한 개인의 아이디어로 시작됐지만 현재는 마을 주민들이 함께 나서서 가꾸고 보살피고 있다. 꽃잔디로 마을을 꾸미고 축제까지 연계한 아이디어가 돋보인다. 농촌인구가 감소하고 경제적으로 힘들다고 하지만 아이디어 하나로 마을발전의 가능성을 보여주는 좋은 사례로 꼽히고 있다.

마을 이장과 마을 주민의 힘으로 이룬 쾌거다. 해마다 마을은 꽃잔디 축제를 열고 있다. 올해로 7회째다. 축제가 열리는 마을을 찾으면 분송빛 잔디가 온통 뒤덮힌 마을을 만날 수 있다. 사방에 가득 꽃잔디가 피어있어 마치 환상 속에 있는 듯한 착각을 주는 풍경이다. 지역마다 특색있는 축제들이 많지만 이곳 마을은 화려한 색을 앞세운 특이한 축제다. 때문에 이 마을은 전국에서 마을만들기 선진사례로 선정돼 수많은 사람들이 찾고 있다.

동산 정상까지 걸어서 약 15분을 오르면 의자가 놓여진 정자를 만날 수 있다. 이 의자에 앉아 시선을 올리면 멀리서 마이산 두 봉우리가 눈에 들어온다. 시원한 진안 고원의 바람을 맞으며 마이산과 주변 풍경을 바라보고 있노라면 이곳이 바로 신선노름하기에 제 격이란 생각이 든다. 발아래 펼쳐지는 인간사의 사소한 모든 것들이 잠시나마 나와 관계없는 착각마저 생길 정도다.

크나큰 느티나무

1.
교외를 벗어나자
푸르름 한빛이다
가슴을 밀어드는
삽상한 바람이다
5월을
'계절의 여왕'이라
말한 이
뉘었더라

2.
천년 옛 가람
금산사를 찾았다
금강교 건너
당간지주(幢竿支柱) 지나자
한 자락
푸른 그늘이
멍석을
펼쳤다

3.
이 느티나무는
몇 백 년 세월인가
근세 백 년만을
어림잡아도
애환의
굽이굽이를
어찌 다
헤아리랴

4.
살갑잖은 넋두리
이제 그만 주리고
이 근방 어디
수소문하여
느티떡
맛볼 수 있는
궁리나
하여볼까

　　미륵신앙의 성지인 금산사는 후백제 견훤이 유폐됐던 절로 알려져 있다. 백제시대 건축됐으며, 건물의 수는 많지 않지만 대부분 규모가 크다. 특히 절의 본당인 미륵전은 3층 건물로 높이가 12m에 이르는 미륵입상이 유명하다. 금산사 못지않게 사람들 관심을 받는 게 느티나무다.

　　금산사 천왕문과 당간지주 중간에 수령이 꽤 된 느티나무 한 그루가 있다. 그동안 수차례 금산사를 드나들었건만 느티나무의 존재를 전혀 알아채지 못할 정도 한 켠에 자리 잡고 있다.

보통 느티나무는 따뜻한 지방에 분포하고 있으며, 꽃은 5월에 피고 열매는 10월에 익는다. 줄기가 굵고 수명이 길어서 쉼터역할을 하는 정자나무로 이용되거나 마을을 보호하고 지켜주는 당산나무로 보호를 받아왔다.

금산사 느티나무는 재미있는 이야기가 전해지고 있다. 오래 전 나무 갈래 안에 돌을 던져 나무 안에 들어가면 아들을 낳는다는 풍습이 있었다. 아들을 낳을 욕심에 사람들이 던진 돌이 나무 갈래에 수북하게 쌓여 있었다. 하지만 어찌된 영문인지 어느 순간 돌들은 말끔히 치워지게 됐고 그 후 사람들은 나무에 돌은 던지지 않게 됐다. 그 이유야 정확히 모르겠으나 돌로 인해 다치는 나무를 생각하면 천만다행인 듯싶다.

느티나무를 가깝게 자세히 보면 천년 역사를 자랑하는 금산사 연혁과 동일시 보인다. 두꺼운 몸매를 자랑하지만 군데군데 상처가 많다. 겉모습은 오래된 세월을 보여주는 듯한 주름들로 가득 찼고, 밑을 바치는 뿌리는 땅 아래가 양에 차지 않는 듯 땅위로 솟아나올 기세다.

당간 지주 바로 옆에 위치한 느티나무는 금산사를 지키는 수호신 역할을 했을 것으로 짐작된다. 예전 마을 입구엔 장승과 솟대가 악귀를 막는 역할을 했다면 사찰은 당간지주가 그 역할을 했다. 또 마을 수호신인 느티나무가 당간지주 옆에 떡 하니 버티고 있는 것을 보면 금산사는 당간지주와 느티나무를 통해 악귀를 막아내려는 의도가 엿보인다.

수령은 알 수 없지만 오랜 세월을 버티면서 금산사의 산 증인인 느티나무는 공존의 참 의미를 보여주고 있다. 한 때 돌로 가득 찼던 자리는 현재 난초와 또 다른 식물이 자라고 있는데, 덩치 큰 어미가 마치 새끼에게 보금자리를 양보한 형세다. 자비를 베풀고 고통의 원인인 집착에서 벗어나 평화를 열망한 부처의 뜻을 알고 있는 듯, 오래된 느티나무도 베풂을 통해 부처의 가르침을 실천하고 있는 셈이다.

다슬기탕 이야기

1.
콩나물국밥 아닌
다슬기탕으로
음식점 찾는
친구도 있다
식성은
나름이거니
탓할 것
있으랴

2.
난 어려서부터
다슬기국을 좋아했다
포롬한 국물빛도
나풀거린 수제비 잎도
빙빙빙
돌려 속 빼먹는
재미도
적잖았다

3.
어제는 늙바탕에
순창 장군목 찾아
요강바위
옛얘기도 챙겨 듣고
골 깊고
물 좋은 산수경에
시름도
잊었다

4.
장군목토종가든
물러나며
다슬기탕 비결 챙기자
이 고장 이어온
순창의
인정 탓 아니겠냐며
허허
웃는다

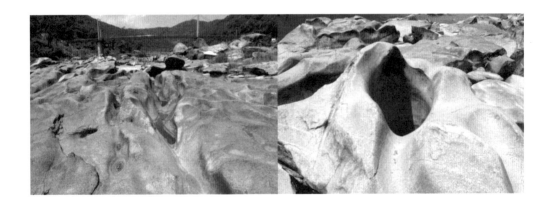

요강처럼 구멍이 파인 바위를 찾으려면 순창 깊은 골짜기를 찾아야 한다. 장군목에 위치한 요강바위는 큰 돌덩어리가 움푹 패어 커다란 구멍을 만든 형태다. 바위 높이는 약 2m, 폭 3m, 무게 1.5톤에 달하며 구멍은 1.5m 가량이다. 구멍 둘레는 40cm로 사람 한 명은 거뜬하게 들어갈 정도다. 구멍은 정밀기계가 깎은 것처럼 정교한데 실제 한국전쟁 때 마을 주민들이 빨치산을 피해 이 구멍에서 목숨을 건졌다는 이야기도 전해진다. 실제 구멍이 깊어 사람이 들어가 숨었다는 것이 납득이 갈 정도다.

또 아이를 못 낳는 여인들이 요강바위에서 지성을 들이면 아이를 가진다는 전설도 내려오고 있다. 때문에 이 바위는 마을사람들에게 수호신 역할을 해왔다.

요강바위가 사람들 주목을 받은 이유가 참 이채롭다. 22년 전 수억 원의 값어치가 있다는 소문이 돌자 도둑이 중장비를 이용해 이 바위를 훔쳤다. 이들은 경기도 야산에 바위를 숨겨놓고 10억 이상을 부르며 주인을 찾고 있었다. 수소문 끝에 이 소문을 들은 마을 주민들은 요강바위임을 직감하고 경찰에 신고하게 되고 우연곡절 끝에 제 자리로 돌아오게 된다. 원래 장소를 떠난 지 4년 만이다. 당시 운반비가 500만원 정도였는데 마을 주민들 12가구가 십시일반 모아 돈을 마련했다고 하니 울다가 웃을 일이다. 하지만 불행 중 다행이랄까. 이런 사실이 전국에 퍼지면서 요강바위의 존재가 드러나게 됐고, 지금은 요강바위를 보러 이곳을 찾는 관광객들의 발길이 이어지고 있다. 주민들 역시 관광객들로 인해 돈도 벌고 사람 냄새가 난다고 하면서 환영하는 눈치다.

이곳은 요강바위뿐 아니라 주위 모든 바위들이 구멍이 나 있다. 크고 작음의 차이는 있지만 온통 요강바위 천지인 셈이다. 이곳 이름이 장군목 또는 장구목으로 불리는 데 장구의 목처럼 좁아진 길목이란 뜻이다. 때문에 이곳을 흐르는 물은 갑작스레 물살이 거칠게 되고, 이 때문에 바위들이 깎여 구멍이 생겼다는 추측이 있다. 장군목 위아래로는 물살이 조용해 다슬기 잡기론 안성맞춤이다. 찾아간 날도 몇 몇 주민들이 다슬기 잡기에 한창이다. 물가 바로 위 음식점에서 내놓은 다슬기탕 역시 일품이다. 다슬기 특유의 색깔에 매콤한 국물은 수저를 잡은 손을 바쁘게 만든다. 요강바위를 구경하고 시원한 그늘에서 다슬기탕 한 그릇 뚝딱 해치우면 마치 이곳이 무릉도원이 아닌 듯 착각이 들 정도다.

제비 노래

1.
어린 시절 제비는
반가운 새였다
'강남 갔던 제비가
돌아오며는'
입 모아
노래 부르며
삼짇날을
좋아했다

2.
중년 들어서의 일이다
제비를 흔하게 볼 수 없었다
농약 탓이라고
수군거렸다
그러던
제비가 돌아왔다
길 위도
저공 비행들이다

3.
우리들 어려서는
제비소리를 흉내내어
'비리고 배리고
배리고 비리고'
담 밖의
고샅을 뛰놀며
흥거워도
했었지

4.
전주 한옥마을
향교길 걷다보면
-청학동등갈비집
버젓한 처마 아래
어느덧
3년째라던가
제비들
낙원이란다

　　흥부놀부 이야기를 꺼내지 않아도 제비는 우리에게 매우 친숙한 동물이다. 어린 시절, 제비는 흔히 볼 수 있는 동물이었다. 제비가 날기 시작하면 박씨 하나 달라며 쫓던 기억이 있다. 과거 흔한 새였지만 이제는 도심에서 거의 볼 수 없다.

　　보통 제비는 음력 9월 9일 강남에 갔다가 이듬해 음력 3월 3일에 돌아온다. 귀소성이 강해 약 5%는 같은 장소로 돌아오는 것으로 알려져 있다. 4월 하순 알을 낳아 부화한 지 25일 정도면 둥지를 떠난다.

　　제비가 친숙한 이유는 고대소설 흥부전에서 연유된다. 흥부전에 나온 제비는 은혜를

갚고 구원을 베푸는 성격을 지니고 있다. 때문에 제비가 집에 둥지를 틀면 길조라 여겼고, 새끼를 많이 낳으면 풍년이 든다고 믿었다. 또 감각과 신경이 예민해 총명한 동물 및 길조로 여겨왔다.

이런 제비가 전주 한옥마을을 찾았다. 향교로에 위치한 식당 지붕 밑엔 제비둥지가 3개 있다. 가운데 둥지는 작년에 만든 것이며, 좌우 둥지는 올해 새로 만들어졌다. 가운데 둥지는 비어 있으며, 좌측은 7마리, 우측은 5마리가 살고 있다. 식당 주인에 의하면 올해로 3년째란다. 제비로 인해 손님들이 가득차길 바라는 바람도 숨기지 않는다. '제비가 사는 집'이란 작은 현수막도 등장했다. 워낙 사람을 무서워하지 않는지 가깝게 다가가도 두려운 기색이 없다. 오히려 목을 바짝 세우고 볼 테면 보란식이다.

지나가는 관광객들도 호기심에 발걸음을 멈춘다. 도심 한 가운데 흔치 않은 제비 등장에 모두 반가운 기색이다.

우리 고전인 흥부전에서는 제비가 길조로 표현되는 반면 서양 고전은 약간 다르다. 작곡가 푸치니는 오페라 '제비'를 통해 이중적 성격을 나타낸다. 봄에 찾아온 제비처럼 즐겁고 밝은 면을 보여주는 반면 철새인 점을 감안해 결국은 떠나게 되는 어두운 면을 상징한다. 비단 제비뿐 아니겠지만 동일대상으로 놓고 다르게 해석하는 점이 이채롭다.

비비정 이야기

1.
전라선 철길
지나갈 때면
완산팔경(完山八景)속
비비낙안(飛飛落雁)도
덩실한
한 폭 그림으로
앉히기
마련이었지

2.
그래 그리움 안고
비비정(飛飛亭) 길 서둘렀는데
한 잎 자리 펼쳐
장난칠 생각 멀리멀리 날아가고
서둘러
내림길 생각부터
챙겨야
했다

3.
〈섬은 허물어져 빈터인데
방초만 프르러
세상이 허무한 것을
말하여 주노라〉
발걸음
주춤거려저
허든허든
내려왔다

4.
점심 참 찾아든
농가레스토랑 비비정
이름난 한내게장
챙겨볼까 망설이다
입가심
슝늉으로 하고
자리를
일어섰다

　　전북 완주군 삼례읍 후정리를 방문하면 정자를 만날 수 있다. 비비정이다. 정자가 있는 이곳은 예부터 완산8경인 '비비낙안'으로 불려 왔다. 백사장에 내려앉은 기러기 떼를 일컫는 말로 과거 선비들은 비비정에서 술을 마시며 풍류를 즐겼다.

　　비비정은 오래된 역사만큼 인고의 세월을 거쳤다. 1573년 선조 6년에 최영길이 건립했지만 철거됐다. 이후 1752년 영조 28년에 중건됐지만 또 다시 없어지게 된다. 현재 자리를 지키고 있는 정자는 1998년 복원된 것이다. 철거에 중건에 없어졌다 다시 복원된 셈이다.

비비정 아래는 삼례천이 지금도 유유히 흐르고 있다. 호남평야와 더불어 해가 지는 낙조는 매우 아름다운 풍광을 자랑한다. 강변의 백사장은 40~50년 전만 해도 모래밭이 햇볕을 받아 하얗게 빛났다고 한다. 지금은 갈대와 풀로 무성해 사람 접근조차 어렵다.

완산8경으로 그 아름다운 자태를 자랑했던 비비정은 과거 모습과 전혀 달라 찾는 이의 마음을 아프게 한다. 비비정 정자는 사람들의 낙서로 얼룩져 있고, 관리가 제대로 되지 않아 성한 곳이 없다. 취객들이 찾은 탓인지 먹다 남은 술병과 안주거리가 동물들의 먹이가 되고 있다.

비비정 옆의 호남철도도 하나의 명소가 됐었다. 영화 촬영지로도 유명한 이곳은 한가로운 정자와 더불어 사람들이 발길이 끊이지 않았다. 하지만 최근 전라선 복선이 완공되면서 폐철도로 변했고, 새로 난 철도는 그 위압감으로 정자의 존재감을 상실시킨다. 실제 정자에 올라 하천을 보면 오른쪽 폐철도와 왼쪽 신철도가 시야를 가리고 있다. 하천을 바라보며 시 한 수 짓고 싶은 마음 굴뚝같지만 양쪽 시야를 막은 풍경은 낯설기만 하다. 다행스러운 점은 비비정 정자를 중심으로 마을엔 비비정 레스토랑, 카페 비비낙안, 산책로 등이 조성돼 있다는 것이다. 산책로를 걸으며 오순도순 정을 나누고 레스토랑에 들려 이 지역 농산물로 생산된 식사 한 끼는 구수한 시골 맛을 느낄 수 있다. 특히 이 레스토랑은 마을 주민 70대가 음식을 만들고 40대가 상을 차리고 20대가 서비스를 하는 마을공동체 형식을 띠고 있어 더욱 의미가 깊다. 지역커뮤니티에 비즈니스를 도입해 지역사회를 되살리는 구조가 이곳에서 실행되고 있는 셈이다.

구룡마을 대나무숲

구룡마을 대숲길

1.
등잔밑이 어둡단 말
되생각하며
구룡마을 대숲 찾아
길을 서둘렀다
익산군
금마면 신용리
마음 먼저
부풀었다

2.
대숲 생각이자
죽림칠현도 떠오른다
산도, 왕용, 유영
완적, 완함, 혜강, 상수
저들의
이름 하나하나도
되챙겨
본다

3.
구룡마을 대숲 속은
삼추와도 같구나
굽이굽이 트인 길
죽순도 돋아 있고
원근의
여름새 소리들도
저마다의
목청이다

4.
이 하루 돌고돌아
돌아나온 대숲길은
도통 따져서
몇 마장쯤 걸었을까
뒤돌아
뒤돌아보며
한껏 켜는
기지개

　예부터 우리 조상들은 대나무를 좋아했다. 맑고 절개가 굳으며 군자의 품성을 지녔다는 게 그 이유다. 또 죽공예 등 실생활에서도 필요한 게 대나무였다. 대나무는 전남이 유명하지만 전북에도 대량 서식지가 있다. 익산 금마면의 구룡마을이다. 찾는 길은 그리 쉽지 않다. 마을에 들어섰지만 첫 만남은 옛 돌담길이다. 이 돌담길은 1950년대부터 2000년대 담까지 다양한 형태의 담을 볼 수 있다. 옛 풍경을 느끼며 돌담길을 걷다보면 비밀의 정원처럼 숨겨진 대나무 숲이 눈에 들어온다. 이곳은 과거 전남 담양에 버금갈 정도의 규모를 자랑했다. 하지만 지난 2005년 냉해를 입은 이후 대부분 나무들이 고사해 잊혀져 간 숲으로 전락했다. 마을주민들과 익산시가 나서 대나무 숲 복원사업을 시작했고 현재의 모습을 갖추기 시작했다.

전체 면적 5만㎡를 자랑하는 이곳은 한강이남 최대 대나무 군락지다. 담양의 대나무처럼 두껍고 튼실하지는 않지만 과거 이곳의 대나무로 만든 죽제품은 타지방까지 제공됐던 역사적 전통이 있는 곳이다. 인근 강경 5일장을 비롯해 충청도, 경기도 지방까지 죽제품을 제공했고, '생금밭'이라 불리면서 익산지역 경제의 중요한 소득자원이기도 했다. 또 담양 죽녹원처럼 인공적 느낌이 나지 않고 자연 그대로 보존돼 있어 더욱 정감이 간다. 이곳의 주요 수종은 왕대이며, 일부 구간은 오죽 또는 분죽이라 부르는 솜대가 자라고 있다. 왕대의 경우 북방한계선에 위치해 생태적인 가치가 매우 높으며, 다른 지역의 숲과 달리 마을 한 가운데 위치해 있어 경관적으로도 매우 중요한 가치를 지니고 있다.

각종 영화나 드라마 촬영장소로도 유명하다. 인기드라마 추노와 영화 최종병기 활이 이곳에서 촬영되면서 사람들 입소문이 나기 시작했다.

빽빽하게 우거진 대나무 숲은 찾는 이의 마음을 설레게 한다. 정돈되지 않은 듯 다듬어지지 않은 길이지만 오히려 이곳의 매력이다. 대나무 사이사이로 들어오는 빛에 따라 걷다보면 따뜻함과 맑은 느낌, 예전 선비들의 고고한 정신까지도 엿볼 수 있다.

관왕묘

1.
반세기 전
옛얘기 찾아
남고산성 관왕묘를
찾았다
오늘날
지번으로는
산성길
171

2.
계단 앞에서
위를 바라보자
다리품 팔 일
겁부터 난다
그렇다
이제 어쩔 것인가
내친 길
오를 밖에

3.
들숨 날숨 헉헉
몰아 올라 잠시
관운장의 긴
수염발도 보고
우리들
민간신앙의
여운에도 젖는다

4.
남원의 왕정동에
자리한 관왕묘는
천오백 구십 구년
세웠다거니
이 곳의
남고산성 관왕묘와는
빛깔부터가
다르달까

삼국지 관우 장군은 의리와 충성으로 유명한 장군이다. 전주 남고산성을 들르면 관우 장군을 신으로 모시는 사당이 있다. 관성묘다. 관우 장군을 기리는 것은 임진왜란 후 왜구를 물리친 것이 관우 장군신으로 여기는 명나라 군사에 의해서다. 우리나라 관성묘 효시는 서울에 처음 건립됐고 이후 군사들의 사기를 높이고자 왕의 명에 의해 전국적으로 만들어졌다.

전주는 동서학동 남고산성의 만경대 남동쪽에 있다. 1895년 전라도관찰사인 김성근과 남고별장 이신문이 각처 유지들의 헌금을 받아 만들어진 것으로 알려져 있다.

관성묘에 다다르면 하마비가 눈에 띈다. '대소인원개하마'라고 새겨져 있고 전주 경기전 앞 그것과 같은 내용이다. 이곳을 출입하는 사람은 누구나 말에서 내려야 한다는 의미다. 하지만 굳이 하마비가 없다 해도 말에서 내릴 수밖에 없다. 30m에 이르는 계단을 올라가야 하기 때문이다. 가파른 돌계단을 오르면 중앙에 본전이 있고 좌측에 서루, 우측에 통무가 있다. 바로 옆엔 관성묘를 돌보는 민가도 만날 수 있다. 본전 네 기둥은 관우 장군을 봉안한 목적 등이 기록된 필체가 있고, 조선 말기 화가 소정산의 '삼국연의도' 10폭 그림 그리고 관우 장군의 상이 안치돼 있다.

본전은 크지는 않지만 짜임새 있는 규모다. 3개의 편액이 걸려 있는데 중앙엔 '위영현혁 산동동향회 경헌'이라 쓰인 것은 중화민국 10년으로 1921년에 써진 것으로 보인다. 내부는 관우 장군의 상이 있고 그 앞과 뒤에는 여러 무신상들이 있다. 또 양쪽 벽에는 삼국지 벽화도 볼 수 있다. 관우 장군 상 뒤에는 휘장 하나가 보이는데 '협천대제' 즉 하늘을 돕는 대제라고 새겨져 있다. 이런 탓인지 관우 장군의 신성을 믿는 사람들은 매년 초 이곳을 찾아 한 해의 행운을 점치기도 한다. 현재 전라북도 문화재 제5호로 지정돼 있다.

덕진공원 연꽃

덕진연지 연꽃 이야기

1.
덕진 연못은 전주
시민 만의 것 아니야
여름 꽃철이면
멀리서 가까이서
몰려든
구름같은 유람객들로
큰물결을
짓기 마련

2.
대학 다닐 때엔
호반 산책 즐겼었지
어느날이었던가
친구들과 농담하여
연못의
용적량 들어 내 주량을
셈친 바도
있었지

3.
가람 스승(이병기:1891~1968)께선
백련을 사랑하서
양사재 계실 때에도
'노깡' 묻어 가꾸시며
꽃송이
벙근 아침이면
잔을 들어
반기셨어

4.
주무숙(周茂叔:1017~1073) 애련설을
내맘으로 애송하며
연꽃의 덕목들을
가닥 챙겨 보면서도
내 성깔
미치지 못함을
연 앞에서
부끄리네

다람쥐 쳇바퀴 돌 듯 반복되는 일상생활에 지치고 나면 몸과 마음을 지치기 마련이다. 시원스런 풍경을 보며 지친 심신을 달래고 싶어도 여의치 않다. 거리도 멀고 집을 나갈 힘도 없기 때문이다. 이런 사람들에게 가장 적당한 곳이 바로 덕진공원이다. 전주시내에 위치한 덕진공원은 시민의 공원이라 불릴 만큼 전주시민의 사랑을 받는 곳이다. 자신만의 사연 하나 정도는 간직할 추억의 장소인 덕진공원은 드넓은 호수와 가로지르는 연화교가 사람의 발길을 잡는다.

당초 덕진공원은 자연스레 만들어진 것이 아니라 전주에 도읍지를 둔 견훤이 풍수지리에 따라 조성됐다고 전해진다. 땅을 파고 물을 끌어 들여 연못을 만들었다고 하나 지금 현재 모습은 고려시대 완성된 것으로 보인다.

연못 중심을 가로지는 현수교인 연화교에 서서 넓게 펼쳐진 물을 바라보고 있으면 몸과 마음이 가벼워진다. 저절로 찾아든 상쾌한 기분은 하루 일과를 다시 시작하는 청량제다. 어디 이것뿐인가. 해마다 이맘때쯤이면 보는 이의 입을 다물지 못하는 광경이 펼쳐진다. 덕진연못 위에 핀 연꽃들이다. 호수 절반을 채우고 있는 홍련은 붉디 못해 빨갛고 꽃밑을 바치고 있는 푸른 연잎은 뜨거운 햇빛을 가리는 가림막이다.

절정에 다다르는 6월이면 연꽃을 보기 위해 이곳을 찾는 사람들로 인산인해이며, 이슬 맺힌 청초함을 느끼기 위한 새벽 발걸음도 이어지고 있다.

디지털 카메라가 보급되면서 많은 사진 애호가들도 이곳을 놓치지 않고 있으며, 연꽃 사진 공모전, 연꽃축제 등 이른바 연꽃 잔치가 열리는 시기다.

맑은 색과 청초함을 자랑하지만 연꽃은 진흙이나 뻘 등에서 자란다. 화려한 겉모습에 비해 실상은 그렇지 않은 것이다. 때문에 고통과 좌절 끝에 가져온 성공을 비유할 때 흔히 인용되고 있다.

단오에는 부녀자들이 머리를 감고 한 해 건강을 기원하는 의식을 비롯해 공원 안에는 '어린이 헌장', '신석정 시비', '전봉준 장군상' 등이 조성돼 있어 전주의 역사와 정취를 물씬 풍기는 상징적 공간이다. 많은 관심을 받던 현수교가 노화돼 곧 사라질 운명에 처해져 있다고 하니 아쉬운 마음이 들기도 한다.

되재성당 길

1.
초행길을 간다
가는 길 굽이굽이
이리 구불 저리 굽을
돌고 도는 길을 간다
막힌 길
막다른 곳이 바로
되재성당
이란다

2.
양팔 품하여 우뚝 선
예수 님 평화롭고
머릿수건 쓴
마리아 상의 경건함이여
이 마음
나도 모르게
두 손 절로
합한다

3.
병풍처럼 둘러있는
재이름도 되재라니
이 안팎 모두모두
되재 아님이 없다
되재의
원말은 '되'(升) 아닐까
요량해
본다

4.
되재성당 물러난
한 마장 길에는
웬 외양깐들
이리 또 많은가
이 하루
나들잇길의
보고 들은
여운이여

　완주군 화산면 경천저수지를 따라 구절양장 같은 길을 가면 만날 수 있다. 되재성당이
다. 1895년 한강이남 최초 한옥성당으로 알려진 이곳은 오랜 세월을 알리듯 질곡의 사연
을 가지고 있다. 성당이 자리하고 있는 완주군 화산면 승치 원승마을은 조선후기 천주교
박해를 피해 숨어든 신자들이 거주한 곳이다. 당시 이 지역은 신유박해 이후 신자들이
몰렸고, 병인박해 때에는 교우촌이 56곳이나 됐다고 한다. 신자들이 집단 거주했으니 믿
음을 밝혀줄 성당건립은 자연스러운 것으로 여겨진다. 되재성당은 고산 본당의 전신이
었다. 서울 약현성당에 이어 두 번째로 완공된 본당으로 한강 이남에서는 처음 세워진

본당이다. 약현성당이 벽돌로 만들어진 것에 비하면 되재성당은 한옥으로 지어졌다. 하지만 단층 5칸짜리 한옥성당은 한국전쟁 때 완전 전소됐고, 1954년 양철지붕의 공소건물이 대신 만들어졌다. 하지만 슬라브로 지붕을 얹은 되재성당은 원래 건물과 판이하게 달랐고 이후 2009년 원 모습과 가장 가까운 형태로 복원됐다. 실내엔 1895년 만들어진 되재성당의 사진이 있는데 현 모습과 비교하면 나름 비슷하긴 해도 무언가 아쉬움이 남는다. 한국전쟁 때 소실된 점도 안타깝고, 또 허물어진 슬라브 성당도 마음 아프게 다가온다.

성당은 서양 바실리카식 교회 건축양식을 한식 목구조로 바꿔 만들었다. 단층인 한식 목구조에 지붕은 기와를 얹은 팔작집이다. 내부는 남녀칠세부동석에 따라 남녀 신도가 앉는 공간이 분리돼 있다. 익산 두동교회나 김제 금산교회도 같은 시대상을 반영했는데 이곳들이 ㄱ자 형태로 구분한 것에 비해 되재성당은 커다란 나무로 중간을 막은 형태가 이색적이다. 천주교가 이 땅에 들어올 때 우리 고유문화와 충돌하지 않으려는 배려로 여겨진다.

전라북도는 2004년 성당 터를 전북도 기념물 제119호로 지정했고, 성당과 종탑 복원사업을 통해 2009년 축복식이 진행되기도 했다.

오랜만에 찾은 되재성당은 종탑 공사가 한창이다. 낡아버린 건물과 삐뚤삐뚤한 나무 기둥에서 아날로그 감성을 느낄 수 있는 옛 모습에 대한 아쉬움도 있다. 하지만 한국의 천주교 역사와 성당 건축사를 알 수 있어 이것으로 만족할 수밖에 없다.

익산 왕궁리에서

1. 오층석탑

대 위에서 경건히
푸른 하늘 받들어 온
백제 왕궁의
5층 석탑이어
오늘도
덩실히 진좌한
아금박진
탑이어

먹고 사는 일에
정신이 팔려
조상의 옛일도
잊고 살았단 말인가
탑앞에
두 손 모으며
옷깃을
여미네

2. 남녀 석불

마주 바라 서있는
동고도리 석불은
눈이 오나 비가 오나
들녘 바람이 치나
사시절
밤이나 낮이나
일편단심
이라네

창평(昌平) 지실(芝谷)
정 송강(1536-1593)은
이별 뉘 없는
세상살이 부럽다고
이 석불
바라 지날 때면
시조 한 수
읊었다네

　오층 석탑이 있는 왕궁리 유적을 비롯한 백제 역사지구가 최근 유네스코 세계문화유산으로 등재됐다. 전북은 미륵사지와 더불어 두 곳이 포함되면서 찬란했던 백제 후기 문화가 우리 지역의 자랑스러운 문화임을 증명했다.

　과거 이곳은 오층석탑만 덩그러니 있던 벌판이었다. 수많은 탑 중 하나로 여겨지면서 사람들의 관심을 받지 못해왔다. 하지만 1998년 사적 제408호로 지정되면서 그 문화적 가치를 인정받게 됐고, 1989년부터 현재까지 발굴조사가 이뤄지고 있다.

　발굴조사 결과 왕궁리 유적지는 백제 무왕 때 왕궁으로 건립됐고, 후대에 왕궁이 허물

어지고 사찰이 건립됐다. 왕궁은 고대 왕궁 양식에 따라 만들어졌고 왕이 정사를 돌보는 건물을 비롯해 14개 건물과 대형화장실 등이 발굴됐다.

왕궁터 언덕 위 툭 트인 곳에 있는 오층석탑은 1997년 국보 제289호로 지정됐다. 땅 속에 파묻혀 있던 기단부를 1965년 해체 수리하면서 원래 모습으로 복원됐다. 해체 과정에서 사리장치가 발견됐는데 국보 제289호다.

탑은 넓은 옥개석에 높이 8.5m를 자랑한다. 멀리서 보면 날아갈 듯한 홀쭉한 모습이지만 가까이 갈수록 웅장하고 장중하다. 바라보는 각도에 따라 보는 느낌이 다르다. 건립된 정확한 연도는 밝혀지지 않았지만 천 년 넘는 기간 한 자리를 지켰을 것으로 추측된다. 영겁의 세월 동안 잡스러운 세상만사 모든 것을 묵묵히 감내하며 제 역할을 해왔다.

인근 금마로 가다보면 만날 수 있는 동고도리 석불도 마찬가지다. 논 가운데 기다란 석불 두 개가 약 200m 정도 떨어진 거리에 마주보고 서있다. 고려시대 만들어진 것으로 추정되는 이 석불들은 들판에서 일하는 사람들처럼 끈질긴 생명력과 함께 오층석탑처럼 소박함을 자랑한다. 오층석탑과 더불어 기나긴 세월 동안 자리를 지킨 것을 생각하면 백 년도 채 되지 않는 인간사는 부질없게만 느껴진다.

이 석불은 각각 남자와 여자로, 평소에는 만나지 못하다가 섣달 해일 자시에 서로 만나 회포를 풀고 닭이 울면 제자리로 돌아간다는 전설도 내려온다. 사시사철 변하는 호남 들녘에서 서로 마주본 채 옛 백제 땅을 지키는 수문장인 셈이다.

동고사

1.
전주 품에 안은
동으로 동고사를
서에는 서고사
남으로는 남고사
북에는
진북사 에둘러 앉은
우리 전주
아닌가

2.
둥글게 둥글게
두리둥실 둥글게
멀리 펑퍼지게
높이 솟구치게
아늑한
삶 가꾸어 온
우리 전주
아닌가

3.
길옆 왕대밭도
세찬기운 북돋우니
금성탕지란
이를 이름 아니런가
기필코
신새벽 열어갈
우리 전주
말함일레

4.
전주의 앞날 당길
젊은 선남선녀들
오늘도 미륵보살 앞
이어지는 행렬이거니
영원히
영원하라 전주
만세 만세
만만세

전주 남노송동 군경묘지를 지나 한참 오르면 만날 수 있는 곳. 동고사다. 전주시내와 지척이지만 구불구불 길이 요란스럽다. 동고사는 남고사, 동고사 그리고 북고사였던 진북사와 함께 전주 4대 사찰 중 하나다. 현재는 치명자산이라 불리며 가톨릭 성지로 알려져 있지만 원래 이름은 승암산이다. 한옥마을에서 올려다보면 산 중턱에 하얀 입상이 하나 보인다. 가톨릭 성지라 여겨 마리아상 등 가톨릭과 관계된 입상으로 생각하는 사람이 많다. 하지만 산을 올라서야 비로소 알 수 있다. 마리아상이 아니라 미륵불상이다.

동고사를 가는 길은 수월하지 않다. 절은 마치 세상과 담을 쌓으려는 듯 산 속 깊이

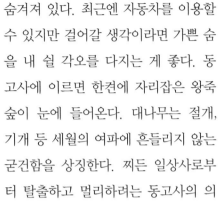

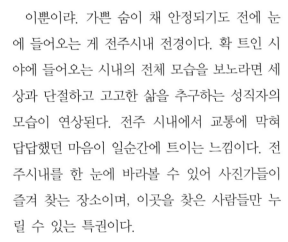

숨겨져 있다. 최근엔 자동차를 이용할 수 있지만 걸어갈 생각이라면 가쁜 숨을 내 쉴 각오를 다지는 게 좋다. 동고사에 이르면 한켠에 자리잡은 왕죽 숲이 눈에 들어온다. 대나무는 절개, 기개 등 세월의 여파에 흔들리지 않는 굳건함을 상징한다. 찌든 일상사로부터 탈출하고 멀리하려는 동고사의 의지가 왕죽에서 느낄 수 있다.

이뿐이랴. 가쁜 숨이 채 안정되기도 전에 눈에 들어오는 게 전주시내 전경이다. 확 트인 시야에 들어오는 시내의 전체 모습을 보노라면 세상과 단절하고 고고한 삶을 추구하는 성직자의 모습이 연상된다. 전주 시내에서 교통에 막혀 답답했던 마음이 일순간에 트이는 느낌이다. 전주시내를 한 눈에 바라볼 수 있어 사진가들이 즐겨 찾는 장소이며, 이곳을 찾은 사람들만 누릴 수 있는 특권이다.

동고사에서 내려다 본 시내 모습은 10년, 20년 전과 별반 다르지 않다. 도시 발달이 외곽에서 이뤄지는 바람에 큰 변화가 없는 구도심의 모습은 오히려 삶의 여유와 안정을 찾을 수 있다.

이곳의 가장 큰 특징은 지척에 사찰과 성당이 함께 있다는 것이다. 동고사에서 멀지 않은 곳에 신유년 천주교박해 때 순교한 유항검의 가족 7명이 합장돼 있다. 또 세계 유일의 동정부부 묘위엔 예수 마리아 모습을 한 기적의 바위도 만날 수 있다.

위봉폭포 옛 이야기

1.
푸른 숲 속
절애에 꽂혀 있어
찻길만 보고
달리다 보면
폭포의
뛰어난 절경은
놓치기
마련이다

2.
우리의 첫 대면은
언제였던가
이십대 바로
초반이었으니
어느덧
오고 간 세월도
여든 고빌 다
넘겼는가

3.
3월 개강 앞둔
2월 말 주말이었지
자회(紫回) 진을주
동호(瞳湖) 최진성 그리고 나
셋이서
모처럼 찾아간
탐승 길
길이었지

4.
빙벽 속 실오라기같은
폭포수 아래
반합(飯盒)에 찻물 끓여
호호 불며 마시던
오늘도
저때의 커피 맛
삼삼히
어려드네

완주 송광사에서 위봉사로 넘어가는 고갯마루 차도 양 옆으로 늘어선 성벽이 인상적이다. 국가지정문화재인 사적 471호로 지정된 위봉산성이다.
전북 완주군 소양면 대흥리에 위치한 위봉산성은 조선 숙종 원년인 1675년에 축조한 것으로 둘레가 약 16km에 이르는 대규모 산성이다. 유사시에 전주 경기전과 조경묘에 있는 태조 초상화와 그의 조상을 상징하는 나무패를 피난시키기 위해 만들어졌다. 실제로 동학 농민봉기로 전주가 함락됐을 때 초상화와 나무패를 이곳으로 옮겨와 안전하게 보

관했다는 기록이 남아 있다.

성 안에는 초상화와 위패를 둘 소형 궁궐이 있었지만 오래 전에 헐려 지금은 흔적조차 찾을 수 없다.

성의 동서북쪽에 각각 문을 만들었지만 지금은 전주로 통하는 서쪽의 반원형 문하나만 남아 시대를 굽어본다. 서문 옆에는 완주와 관련된 불망비와 선전비 5기가 있다. 하지만 제대로 관리가 되지 않은 채 비두가 잘려나가 안타까움을 자아낸다. 이 비석군은 150여 년 세월을 거치면서 파손이 심각해 비각을 세우는 등 보존 대책이 절실한 상황이다. 깨지고 망가진 비석을 보면 망국의 한을 되새겨보게 된다.

위봉산성의 동문 쪽으로 걸음을 옮기다 보면 시원스런 물줄기가 뿜어져 내려오는 위봉폭포를 만날 수 있다. 60m 높이에서 2단으로 쏟아지는 물줄기는 예부터 완산 8경에 드는 절경으로 유명하다. 높은 위치에서 시작되는 폭포인 만큼 힘들게 산이나 계곡으로 올라가지 않고 도로에 차를 주차하고도 볼 수 있는 폭포다. 강수량에 따라 수량의 차이가 큰 만큼 비가 오면 일정기간은 시원스럽게 떨어지지만 비가 오지 않는 건기에는 실개천처럼 물이 떨어진다.

위봉폭포는 폭포의 아름다움도 절경이지만 내려다보이는 주변의 계곡과 울창한 숲, 기암괴석이 빚어내는 묘한 풍경 덕에 더욱 사랑받는다. 가까운 곳에 임진왜란 당시 왜군을 맞아 치열한 전투를 벌인 것을 기념하는 전라북도기념물 제25호 웅치전적지가 있으며 하류에는 동상저수지, 대아저수지, 화심온천이 자리하고 있다.

아중호수 찬가

1.
꼭 얼마 전까지를
말할 순 없어도
전에는 흔히
아중리방죽 이랬는데
모처럼
찾아와 보니 이건
큰 호수가
아닌가

2.
잔잔한 물결이
변죽을 봐서 치면
하늘도 땅도
너울너울 얼싸안고
한바탕
원무곡을 추는
시원한 정경이다

3.
잠시 눈을 감자
떠오르는 시 한 수
보고싶은 마음/호수만하니/
눈감을 밖에
지용(鄭芝鎔)의
이미지즘 시가
물면에
겹쳐 든다

4.
호수의 물면 따라
네 계절을 챙겨본다
구름빛 바람 소리
소낙비 튀는 소리
아중호
천장 지부로
길이길이
빛나거라

아중저수지가 문화와 휴식이 있는 친수공간으로 다시 태어나고 있다. 시민의 편익을 도모하고자 산책이 가능한 데크가 설치돼 있고 중간엔 200여명을 수용할 수 있는 테마광장도 있다. 또 저녁에는 아름다운 야간 경관을 표현하기 위한 경관조명시설까지 갖추고 있어 옛날 아중저수지가 아님을 한 눈에 알 수 있다.

우리네 어르신들이 기억하는 아중저수지는 현재 모습과 판이하다. 덕진공원보다 큰 저수지이지만 시내에서 떨어진 관계로 사람들 발길은 뜸했다. 아중리가 발전되기 전만해도 이곳은 고기를 낚는 낚시꾼 외에 찾는 사람은 없을 정도였다. 심지어 술 취한 채

말썽 피우는 승객을 태우면 이곳에 버리고 간다는 택시기사들의 농담도 있을 정도였다. 1961년 농업용수 공급을 위해 축조된 아중저수지는 개발행위 제한에 발목이 잡혀왔다. 당초 시설명은 인교저수지였지만 아중마을 지명을 따라 아중저수지로 불려지게 됐고, 현재 대중적 명칭으로 고착화된 상태다.

하지만 현재 아중저수지 모습은 그야말로 환골탈태다. 야간에 이곳을 찾으면 물에 비친 조명과 아름다운 다리로 인해 한 폭의 수채화를 보는 듯하다. 연인이 손을 잡고 밤 데이트를 하기 딱 좋은 공간인 셈이다.

아중저수지의 변신은 이것이 끝이 아니다. 지난 3월 아중저수지에서 아중호수로 이름을 바꿨다. 저수지란 명칭보다 호수가 훨씬 친근하고 품격이 올라갈 것이란 판단에서다. 특히 전주시는 이른바 아중호수 일대를 역사와 생태가 어우러진 호반도시로 만들기 위한 '아중호반도시 프로젝트'를 진행하고 있다. 프로젝트가 완료되면 아중호수는 수변자원을 활용한 생태관광지로 탈바꿈하게 되며, 전주의 또 다른 관광 명소로 떠오를 전망이다. 또 인근 한옥마을과 치명자산 성지, 동고산, 후백제 궁터 뿐 아니라 기린봉과 아중체련공원 등 아중호수의 지리적 환경과 가치를 활용해 역사와 생태가 어우러진 공간으로 자리매김할 예정이다.

또 호수 가운데엔 러버덕이나 대형분수, 고래 형상 등 아중호수 매력을 물씬 풍길 수 있는 상징물 조성방안도 검토되고 있는 것으로 알려져 있다. 아중호수의 변신이 어디까지 진행될 지 그 결과에 관심이 가고 있다.

서고사에서

1.
세상은 깜짝깜짝
놀랄 정도로 바뀐다
서고사 길도
마찬가지 그렇다.
이 절을
찾을 것은 36년 전
산행기를
위함이었다

2.
산행기는 서울신문사
박안식 차장의 청탁이었다
36년 그간 세월을
짐작 못했던 건 아니다
예상은
천양지판이었다
이럴 수도
있는가

3.
시를 공부한다는
이세일 군과의 상면도
바로 이 서고사 였다
어제 일만 같은데
사람도
가고 없는 오늘
그래 제행은
무상인가

4.
마침 법당에선
사십구재 베푸는
천도 독경소리
골안을 울리는데
보살은
합장을 하며
공양 드시고
가라한다

　황방산을 오르면 혁신도시 건설현장이 눈에 들어온다. 한 때 외곽지역으로 발길이 뜸했던 곳이 곧 전주의 중심지역할을 할 것이란 기대감이 차온다. 황방산 한 자락 외길을 접어들면 서고사 가는 이정표가 나온다. 외진 길, 외진 곳답게 좁디 좁은 길은 이방인의 방문을 쉽게 허락하지 않는다. 자동차로 조심조심, 얼마나 올랐을까. 자동차 겨우 세 네 대 세울 수 있는 주차장에 다다르면 서고사가 눈에 들어온다.

　금산사 말사인 서고사는 후백제 견훤이 완산주에 도읍을 정한 후 국운의 회복과 백성의 안녕을 기원하기 위해 만들었다. 동서남북에 각각 동고진, 서고진, 남고진, 북고진을 두고 각 진마다 사찰을 지어 외침을 막고자 했다. 908년 창건된 서고사는 고려 공민왕 때 혜공대사가 중창했고, 조선 인조 29년 지엄대사가 중건해 그 명성을 이어왔다. 하지만 화재와 동란 등으로 인해 명맥만 유지됐다가 1996년 전통사찰로 지정을 받고 국고의 지원과 신도들의 도움으로 2009년 지금의 면모를 갖추게 된다.

　서고사에 들어서면 최근 완성된 것으로 보인 건물이 눈에 들어온다. 아직 단청도 올라가지 않은 나뭇결 냄새가 코끝을 자극한다. 정 중앙엔 극락보전이 있다. 찾아간 날엔 발 디딜 틈이 없이 모인 신도들의 불경 소리에 비로소 이곳이 절임을 알게 된다. 적막한 산 속에서 들리는 새소리와 바람소리 그리고 불경소리의 조화는 이곳에서만 누릴 수 있는 호사다. 이외에도 서고사는 요사채와 나한전 등이 있는 비교적 작은 규모의 사찰이다.

　시야를 돌리니 한창 개발 중인 혁신도시가 눈에 들어온다. 전주의 외곽에서 전주를 지키는 역할을 했던 서고사가 이제는 전주의 중심에 들어오게 됐으니 서고사의 새로운 역사가 만들어지는 중이다. 아마도 공사가 마무리되면 지금의 서고사 전망은 지금과 전혀 다른 모습이 예상된다.

　최근 서고사는 도난 불교문화재로 관심을 받은 적이 있었다. 경찰이 도난문화재 매매 알선업자를 잡고 보니 서고사 나한상을 비롯해 조선시대 불교문화재 48점을 거래한 것으로 밝혀졌다. 특히 서고사의 경우 1690년 제작된 나한상과 복장유물 등 가장 많은 20점의 문화재가 제자리로 돌아오게 돼 이보다 불행 중 다행스런 일이 없다 하겠다.

삼례책박물관에서

1.
부럽다 하고 보면
볼수록 감탄스럽다
이 만한 공간에
이렇듯한 속살이라니
한 순을
돌고 돌아와서도
성에 차지
않는다

2.
책을 가까이 한
친구면 누구에게나
삼례책박물관
보시라 권하고 싶다
책들은
이만큼 책답게
간수할
일이거니

3.
책박물관 안을
돌고 돌며 볼수록
서서 보아도
앉아서 보아도
곰곰히
생각하면 할수록
꿈도 따라
솟는다

4.
책 사랑하고
책 좋아한 분이면
삼례책박물관
한번쯤 들리서서
다 함께
참 책사랑을
생각해 볼
일이다.

쓸모가 없어진 시설들의 재변신이 화두다. 기차와 사람들 발길이 붐볐던 폐역이 새로운 공간으로 태어나고, 오지마을 정미소가 멋진 미술관으로 변신한다. 삼례문화예술촌도 이러한 변화 흐름 속에 태어났다. 이곳은 삼례 양곡창고를 2013년 문화공간으로 조성했다. 삼례읍 후정리 구 삼례역 바로 옆에 조성된 문화예술촌은 1926년 일본인 지주가 건립한 회사의 건물로 추정되고 있다. 이 회사는 삼례 뿐 아니라 익산과 옥구의 대규모 농장을 만들고 식민농업에 앞장섰다. 이 때 호남평야에서 생산된 쌀을 보관한 창고가 바로 삼례 양곡창고다. 이 창고는 쌀 수탈의 역사를 간직한 장소로 역사적 의의가 있다. 목조

4동과 벽돌과 콘크리트블록으로 지어진 조적조 2동 등 총 6동으로 구성돼 있다. 건립 역사는 오래 되었지만 대체적으로 원형 그대로 남아 있으며, 특히 측벽상부의 고창이나 지붕상부의 환기시설을 통해 창고건축의 대표적 형태도 찾을 수 있다. 현재 6개 동은 비주얼미디어아트미술관, 문화카페, 책공방북아트센터, 디자인뮤지엄, 김상림목공소, 책박물관 등으로 조성돼 있다. 각 건물마다 특색 있고 이색적인 내용이 가득 차 있어 사람들의 발길이 계속 이어지고 있으며, 중앙 마당에 마련된 무대에서는 다양한 행사들도 심심치 않게 만날 수 있다.

특히 이곳은 면적이 넓지 않아 아이들과 함께하기 편리하며, 자연스럽게 미술작품에 접근할 수 있는 기회를 주기도 한다. 비주얼미디어아트미술관은 아름다움의 창작원리와 시각예술의 원리를 느낄 수 있으며, 디자인뮤지엄은 어린이 창의력 체험과 현장 교육 등이 이뤄진다. 조선 목수의 삶의 철학인 목가구를 재현하는 김상림목공소는 한국의 대표적 전통 목가구 재현 및 현대 주거공간에 어울리는 목가를 제작하고 있다. 책공방북아트센터는 북아트를 통해 다양한 표현능력을 고취시키고 옛 출판기계들을 한 자리에 만날 수 있다. 책의 역사가 정리된 책박물관은 시대와 주제별 기획전시뿐 아니라 학습과 교양, 전문학자를 위한 연구자료 등이 제공된다. 그리고 가족과 함께 체험도 하고 휴식을 취할 수 있는 문화카페도 이곳의 자랑거리다.

삼례문화예술촌은 개관 2주년을 맞아 특별행사가 3일부터 진행된다. 전북예술인들의 종합축제인 '제54회 전라예술제'가 7일까지 "전북예술의 용광로에 희망의 불 지피자"란 주제로 펼쳐진다. 완주예총과 완주생활문화예술동호회가 주축이 되는 이 축제는 전북문화예술의 수준과 깊이를 평가하는 동시에 삼례문화예술촌의 입지를 보다 넓힐 것으로 기대되고 있다.

술테마박물관

1.
초행길을 물어물어
굽이굽이 올랐다
완주군에서도 외진
덕천 전원길이다
모악산
한자락 기슭에
뎅그마니
자리했다

2.
바른 이름은
대한민국술테마박물관
널찍한 승강기는
홀로 타기 미안하고
수집품
수많은 벌림새도
격조 있고
조화롭다

3.
담배의 수집품도
가위 세계적이다 하긴
예로부터 술 담배는
아삼륙이랬던가
젊은날
내 즐겼던 담배도
한두 종이
아닌데

4.
박물관을 벗어나
밖의 풍광에 눈돌리자
가을빛 바람빛
모악산 하늘빛
가슴도
트여 나풀나풀
푸른 바람
일더군

완주군 구이저수지를 옆에 끼고 구불구불 길을 가면 커다란 건물이 눈에 띈다. 대한민국술테마박물관이다. 당초 구이면사무소 앞에 있던 건물을 이곳으로 이전하면서 새롭게 확장했다.

박물관은 이름 그대로 술에 관한 곳이다. 대한민국뿐 아니라 조선시대, 고려시대 가양주 등 우리나라 모든 술을 한 자리에서 만날 수 있다. 우리나라뿐 아니다. 세계 각지에서 생산되고 판매되는 다양한 술들도 이곳에 가면 만날 수 있다. 인생을 논하기도 하고, 맘에 맞는 친구들과 정을 나누는 게 술이다. 상황에 따라 때론 쓰디 쓴 맛이 나고 감미로운 향을 풍긴다.

찾아간 날은 특별기획전으로 담배에 관한 전시가 진행되고 있다. 우리네 조상들이 즐겨했던 것부터 현대 판매되고 있는 담배까지 다양한 담배들이 눈에 띈다. 담배에 죽고 못 살 작가들의 담배예찬론도 한 쪽 벽면을 장식하고 있다. 아무 장소에서나 자유롭게 담배를 피던 시절이 이제는 꿈만 같기도 하다.

또 인형을 사용해 10~30년 전 우리가 자주 찾았던 대폿집이나 호프집 모습을 보면 함께 앉아 건배를 하고 싶은 마음이 들기도 한다. "날씨야 아무리 추워봐라. 내가 옷 사 입나? 술 사먹지"란 글귀가 저절로 떠오른다. 내친김에 시 한 수가 입가에 오른다.

술 마시지 말자 하니, 술이 절로 잔에 따라진다
먹는 내가 잘못인가, 따라지는 술이 잘못인가
잔 잡고 달에게 묻노니, 누가 그른가 하노라

박물관은 술 전시 뿐 아니라 술의 역사도 공부할 수 있는 장이 마련돼 있다. 또 각종 체험장에서는 술을 만들어보면서 깊은 이해를 할 수 있는 프로그램도 운영 중이다. 술이란 한 가지 테마로 이런 규모의 건물에 우선 놀라움이 앞선다. 아직 홍보가 덜 된 탓인지 찾는 사람은 많지 않지만 관람객들을 맞는 직원들의 친절함에도 눈길이 간다. 시간이 지나면 전북을 대표하는 박물관이 될 것이란 예감이 앞선다.

관음선원에서

1.
처음 찾는 선원길
완산동 4길 들면
이리저리 표지가
잘도 되어 있어
일주문
통할 수도 있고 바로
능인전 앞
설수도 있네

2.
경내의 전후좌우
두리번거리자면
천고일월명
지후초목생
삽상한
바람이 옷섶을
팔랑개비로
돌리누나

3.
능인전 뜰앞
무더기 무더기 핀
설악초 부신 빛
눈 서리도 같거니
새벽녘
청신한 이슬이여
영롱한 빛
이슬이여

4.
능인전 뒤편 다져
미륵보살 맞이한 날
먼먼 앞날도 기린
보살상도 일웠거니
선원 앞
멋진 미인송 더불어
무진무궁 낙토이리
기원일레

　자주는 아니지만 지나칠 때마다 궁금한 곳이 있었다. 완산칠봉 밑에 있는 사찰이다. 밑에서 바라보면 사찰 지붕의 일부가 눈에 들어온다. 민가 가까운 곳에 절이 있다는 것이 궁금한 찰나 수백 년 역사를 지닌 사찰이란 주민의 말이 돌아온다.
　관음선원이다.
　반신반의 올라간 사찰은 아래에서 본 것과는 딴판이다. 주차장도 구비돼 있고 대 여섯 동의 건물도 있다.
　대웅전 격인 능인당이 눈에 들어오고 그 앞에 서 있는 소나무가 예사롭지 않다. 신라 때 창건한 것으로 알려진 관음선원은 정확한 내용이 전해지지 않아 자세한 것은 알기 어렵다. 하지만 소나무만 보더라도 그 역사가 꽤 오래될 것이란 짐작이 쉽게 든다.

당초 작은 규모의 법당으로 유지돼 오다 1961년 증축을 하면서 현재의 모습을 갖추게 됐다. 유물로는 능인당 안에 관세음보살상과 준제보살상이 있다.

능인당 옆 명부전이 눈길을 잡는다. 건물 외부 단청 색깔이 약간은 낯설다. 특히 문 색깔이 일반 녹색보다 밝은 색이고 기둥의 색도 다른 건물의 기둥색깔과 비슷하면서도 다른 색을 띤다.

명부전 뒤엔 삼성각이 있고 미륵불 입상이 서 있다. 미륵불과 시선을 나란히 한 채 아래를 보니 전주시내 전경이 한 눈에 들어온다. 아웅다웅 살아가는 중생들의 힘겨운 삶은 다 굽어다보는 모습이다.

관음선원이 제법 높은 곳에 위치해 있어 이곳에서 바라보는 전경 또한 일품이다. 동학농민혁명 때 격전이 벌어졌던 곳도 보이고 전망대인 팔각정도 시야에 들어온다. 완산칠봉의 자랑거리 중 하나인 완산시립도서관 꽃동산도, 전동성당과 기린봉도 저 멀리서 손짓을 하는 것 같다.

능인당 옆 벽면엔 관음선원의 자랑거리인 신중탱화가 있다. 상당히 큰 규모의 그림으로 부처를 중심으로 여러 부처와 신령 등이 그려져 있다.

관음선원을 찾는 길은 그리 어렵지 않다. 남부시장 매곡교를 건너 직진하면 산 중턱에 걸쳐 있다. 지척인 곳에 위치한 만큼 자동차 대신 도보로 가는 것을 권하고 싶다. 주차장이 구비돼 있지만 올라가는 길이 구불구불해 자칫 곤란을 겪을 수 있기 때문이다.

망경대에서

1.
남고사 오름 길을
가뿐 숨 휘몰아 쉬며
45각도 길
기다싶이 올라서야
평지를
나서고 보니
활연하다
바람도

2.
잠시 숨을 돌려
왼편 오른편을
밧줄 당겨 또 한참을
오르고 더 올라야
포은 선생(1337-1392)
망경대(望景臺) 유적
살펴볼 수
있었어

3.
포은 선생 저날의
일편단심은 끝내
선죽교의 꽃으로
인(印) 쳐 있거니
오늘 뿐
이겠는가 길이길이
청사 길이
전하리

4.
남고사 뜰을 내려
되돌아 오는 길
갓길 돌틈 사이
청색 푸른 빛의
달개비
닭의장풀도
푸른빛이
섧데나

    남고사로 오르는 길은 만만치 않다. 다리에 힘을 쥐고 땀 좀 흘릴 각오를 해야 한다. 자동차로 접근할 수 있지만 이것 역시 쉽지는 않다. 45도 가량의 비탈길은 자동차의 접근조차 쉽사리 허락하지 않는다.

    가쁜 숨을 내쉬며 남고사에 다다르면 먼저 남고산성과 새로 만든 정자가 눈에 띈다. 정자에 앉아 땀을 훔치면 작은 누각과 안에 자리 잡은 비석이 보인다. 비석엔 남고산성을 만든 이유가 새겨져 있는데 창암 이삼만 선생의 글씨다.

    668년에 창건된 것으로 알려진 남고사는 1680년 관음전이 들어섰고, 1881년 중건됐다.

오랜 시간을 거치면서 화재나 중건 등을 통해 현재는 대웅전, 관음전, 삼성각, 사천왕문이 남아 있다. 특이한 점은 사천왕문인데, 다른 절처럼 사천왕상 대신 탱화가 자리잡고 있다. 대웅전 문에 새겨진 꽃문양도 화려하기 그지없다. 기나긴 세월을 거치면서 초기 색채는 사라졌지만 오히려 오랜 시간으로 인해 만들어진 빛바랜 화려함이 눈길을 사로잡는다.

남고사를 나오면 바로 옆 오르막길이 있다. 만경대로 오르는 길이다. 옆 기둥에 매여진 줄을 잡고 걷다보면 만경대 정상이 나온다. 가쁜 숨을 다 쉬고 고개를 올리면 전주시 전경이 한 눈에 들어온다. 가깝게는 한옥마을 향교가 눈에 들어오고 멀리 황방산까지, 조금만 높았다면 서해 바다도 볼 수 있을 것 같다. 인근 천경대, 억경대와 함께 전주시 전경을 한 눈에 바라볼 수 있는 몇 안 되는 곳이다.

만경대 옆엔 역사적 의미가 담긴 바위가 있다. 고려말 포은 정몽주가 무너져가는 나라의 애잔한 심정을 시로 새겼다. 정몽주 우국시다. 당시 남원에서 왜구를 물리치고 한옥마을 오목대에서 잔치를 벌인 이성계가 그 자리에서 새로운 나라를 세우겠다는 대풍가를 부르자 포은은 화를 참지 못하고 이곳에 올랐다. 그리고 커다란 바위에 나라를 걱정하는 시를 새겼는데, 지금은 세월의 흔적으로 글씨가 잘 보이지는 않는다. 바위 옆 표지판을 통해서야 시의 내용을 알 수 있을 뿐이다. 내려가는 길, 다시 만경대로 되돌아오니 1,200년 전 나라를 걱정하던 포은도 이곳에서 전주시가지를 내려다봤을 것이란 생각이 든다. 고려를 걱정하는 근심어린 시선을 가졌을 터, 만경대에서 내려다보이는 풍경이 새롭게 느껴진다.

고덕산 덕봉사

1.

이 아침 고덕산에
생각이 미친 것은

"남고 고달에 눈이야 쌔든말든
　서둘러 이 봄 안으로
　38선만 터져라"

가람의
한 수 시조가
촉매가
되어서다

2.

고달은 고덕산을
말씀하심이었다
고덕산 오르는 길은
험로로도 험로였다
석벽도

줄타듯 타고 올라
덕봉사에
이르렀다

3.
가던 날 장날이라고
절간은 비어 있고
스님은 바랑 메고
시주 걸립 가셨는가
석간수
통방거린 소리만
적막 도울
뿐이다

4.
보덕대사 거느린
열 한 제자 독경소리
골 안을 펑퍼지는데
감았던 눈을 뜨자
물봉선
자줏빛꽃만이
바람 타고
하늘댄다

　임실군 관촌면과 성수면 경계에 있는 고덕산은 약초가 많아 사람들에게 덕을 주었
다 해 붙여진 이름이다. 또 산에서 내려오는 물이 거울과 같고, 계곡을 뒤덮은 숲은 가

을이면 불타는 듯 해 금강산을 옮겨놓은 수려한 경관을 자랑한다.

해발 625m로 높지 않은 산처럼 보인다. 인근 평지에서 봤을 경우다. 주차장에 차를 세우고 발걸음을 옮기기 시작하면 착각임을 알게 된 것은 그리 오래 걸리지 않는다. 정상까지 1,280m라고 적혀진 이정표를 지나자마자 길은 급한 오르막으로 변한다. 통나무계단 고지를 넘으면 철제계단이다. 계단만 올라도 숨이 차고 정신이 몽롱해진다. 10분이 채 지났을까. 동서로 뻗어 빼어난 산세를 자랑하는 8개 암봉이 머릿속에서 사라진다. 산행의 재미를 배가시킨다는 마당바위, 전망바위, 통천문, 촛대바위 등도 잊은 지 오래다. 발걸음을 되돌린다. 오늘 목표는 고덕산 안에 있는 사찰 덕봉사다. 굳이 어려운 길을 택할 이유가 없다. 덕봉사까진 차량접근이 가능하다. 게으른 자신을 탓할 새도 없이 덕봉사로 향한다. 덕봉사 올라가는 길도 만만치는 않다. 자동차의 거친 엔진소리가 10분전 내뿜었던 거친 숨소리와 같이 들린다. 얼마나 올랐을까. 작은 주차장이 나오고 덕봉사 전경이 눈에 들어온다. 고덕산 품안에 아담한 풍채를 자랑하는 덕봉사는 적막하기 이를 데 없다. 잎사귀 하나 떨어지는 소리에 산천이 울릴 듯하고, 이른 낙엽 밟는 소리가 돌무더기 암봉을 허물 듯하다. 덕봉사를 알리는 표지판을 넘어서면 대웅전이 눈에 들어온다. 산비탈 한 켠을 자리잡은 대웅전은 푸르디 못해 하늘색 문이 이채롭다. 문이 잠겨 있어 내부를 보지 못한 아쉬움을 뒤로 한 채 대웅전 뒤에 들어서면 산 아래 만들어놓은 암봉이 자리를 지키고 있다. 언제, 누가 만들었는지 알 수는 없지만 상당한 공이 들었을 것으로 추측이 된다. 암봉 뒤엔 산 암석을 깎아 만든 동굴이 눈에 띈다. 그리 깊지 않지만 5~6명 정도는 거뜬히 들어설 수 있다. 약 4m 깊이 동굴 끝엔 불상이 있고 바로 옆엔 샘물이 고여 있다. 중생의 평화를 기원하는 스님, 대입 진학을 앞둔 학부모 등이 이곳을 찾아 간절한 기도를 드렸을 것으로 추정된다.

일설에는 신라 스님이 제자 12명을 이끌고 덕봉사를 창건했다는 말도 전해진다. 오솔길 굽이 굽은 길을 하산하면서 둘레에는 밤송이며 길가의 구절초, 으름나무 열매 심지어 오디도 볼 수 있다. 하나둘씩 챙기며 덕봉사 의미가 덕이 봉우리를 만들 정도로 높다고 한다면 지나친 비약일까.

조해영 가대 우감

조해영 가대 우감
-함라에서

1.
가대의 총 평수를
셈해보진 못했어도
동서남북 얼추
헤아린다면
몇 정보
말할 수 있을까
엄두가
서지 않는다

2.
이 집터 다져
모퉁잇돌 놓고
마룻대 올린 것은
정해년 정월 열이렛날
단기론
4220년
고종 24년
이랬다

3.
영고 성쇠 이루
헤아릴 수 없대도
광복 후 저때
동족 비극의 역사는
지금에
잠시
생각해도
참 끔찍한
일 이었다

4.
조해영 이 가대에도
동족상쟁 얽혀 있다면
만에 하나
얽혀 있다면
이 또한
분통 터질 일
코앞 걱정
다시 한다

  익산 함라마을은 담장으로 유명하다. 입구에 들어서면 마을 전체를 휘감아 도는 담장이 눈에 띈다. 등록문화재 제263호인 옛 담장은 토석담이 주류를 이루고 있으며, 토담, 돌담, 전돌을 사용한 화초담 등 다양한 형태의 담이 1,500m에 혼재해 있다. 가을 햇빛을 받으며 돌담길을 거닐다 보면 정든 고향마을길처럼 푸근하고 따뜻함이 절로 느껴진다.
  함라마을은 마을 뒤 함라산에서 지명을 가져왔으며 산과 물이 풍요로운 마을로 알려져 있다. 인근엔 비옥한 전답이 마을을 둘러쌓고 있으며, 마을 중심엔 개천이 흘렀다고 전해진다.

마을 터가 좋아 부자들이 많이 살았던 함라마을엔 아직도 그 흔적이 고스란히 남아 있다. 조선말 양반가옥인 김안균, 조해영, 이배원 등 이른바 함라마을 3부자집이 세월의 흔적을 버텨내며 자리를 지키고 있다.

3부자 집 중 유일하게 내부까지 접근이 가능한 조해영 가옥은 안채와 사랑채, 변형된 문간채를 살펴볼 수 있다. 건축 연대는 안채 1918년, 별채 1922년 또는 그 이전으로 추정된다. 안채와 별채는 둘 다 남북으로 길게 평행이고, 안채는 남쪽을 별채는 서쪽을 바라보고 있다. 본래 안채를 비롯해 여러 채가 있었던 것으로 추정되나 전체 건물의 일부만 남아 있다. 건축 당시 상류층 가옥의 면모를 일면이나마 볼 수 있는 귀중한 자료이며 전북 문화재자료 제121호다. 하지만 아쉬움은 있다. 넓은 대지에 웅장하게 새워진 가옥이 관리가 전혀 되지 않고 있는 점이다. 과거 수많은 하인들을 비롯해 많은 사람들이 발길로 북적거렸던 것을 생각하면 그 영광은 이제 역사 속으로 사라진 셈이 됐다.

인근엔 전북에서 가장 큰 규모를 자랑하는 김안균 가옥이 있다. 1920~30년대 지어진 것으로 당시 우리나라 전통적 상류가옥의 변모상을 잘 보여주고 있다. 안채와 사랑채 및 행랑채 등으로 구성돼 있는데 상량문 기록으로 보아 안채와 사랑채는 1922년, 서행랑채는 1930년대 건립된 것으로 추정된다. 조선 말기 양본가옥 형식을 기본으로 하고 있으면서 구조와 의장 등은 일본식 기법이 가미돼 당시의 주택모양을 살필 수 있다.

관리가 되지 않아 거의 허물어지기 일보 직전인 조해영 가옥에 비하면 김안균 가옥은 상태가 좋은 편이다. 하지만 집 주인이 외지에 거주하는 탓에 평소에는 출입금지다. 멀리서 찾아갔건만 내부를 살피지 못한 아쉬움에 발길을 돌리는 관광객들을 쉽게 만날 수 있다. 전북도 민속자료 제23호로 지정된 만큼 일반인들에게 개방이 됐으면 하는 바람이 든다.

유일하게 사람이 살고 있는 것은 이배원 가옥이다. 현재 원불교 함라교당으로 사용되는 이 가옥은 현재 사랑채와 안채만 남아 있다. 그 규모는 짐작하기 어렵지만 예전에는 곳간에 엽전이 가득했다고 하니 이 집안의 부와 권세를 엿볼 수 있다.

찬 백재문화 유적

1.
그대 일찍이
짐작이나 하셨던가
지난날 백제의
빛났던 문화 유적들
세계적
문화유산으로
되챙겨진
오늘을

2.
와세다대학
이진희 고고학 교수는
지난날
미소녀 같다며
낙화암
삼천궁녀도
애닯다 한 적
있었지

3.
일본의 오늘
아베 신조는
세계 여론도 등진
뚱딴지 수작에
유엔은
어떤 조치일까
귀모아
본다

4.
우리 백제문화에 모아진
세계적 이목을
어느 뉘 감히
백일몽이라 할 것인가

　지난 7월 미륵사지가 새롭게 관심을 받고 있다. 유네스코 세계문화유산으로 백제역사지구가 등재된 것이다. 백제역사지구는 미륵사지와 왕궁리 유적을 비롯해 총8곳이 포함돼 있다.

　미륵사는 백제 시대 가장 큰 사찰로 창건에 대한 이야기는 삼국유사와 금제사리봉안기에 기록돼 있다. 삼국유사를 보면 왕위에 오른 서동이 왕비 선화와 함께 현재 미륵산인 용화산에 이르자 물속에서 미륵삼존이 나타났다. 선화 공주의 간청으로 연못을 메워 탑과 불전을 세우게 됐고 사찰 이름을 미륵사라 칭했다.

　미륵사는 조선중기인 1,600년경까지 사찰의 기능을 이어온 것으로 추정되고 있으나 현재는 크게 훼손된 서탑과 당간지주만 남아 있다. 하지만 계속된 발굴작업을 통해 미륵사는 독특한 가람 배치 외에 석탑의 건립, 금당 기단의 공간 구조, 석등의 조성을 통해 백제 문화의 독창성을 최대로 발휘한 건축문화의 정점을 보여준다. 나아가 미륵사지가 보여준 백제문화는 신라나 일본의 고대문화형성에도 크게 영향을 미쳤다.

미륵사지는 국보 제11호인 석탑과 보물 제236호 당간지주, 보물 제1753호 금동향로 등 중요 문화재가 남아 있다. 서탑은 현재 복원을 위해 해체된 상태며, 사라졌던 동탑은 지난 1992년 복원이 됐다.

유네스코 문화유산 지정에 앞서 미륵사지가 세간의 이목을 끈 것은 지난 2009년이다. 서탑을 해체하는 과정에서 백제 왕실의 안녕을 위해 만든 사리장엄이 발견된 것이다. 보물격인 금제사리호를 비롯해 여러 유물이 발견됐지만 가장 눈길을 끈 것은 금제사리봉안기다. 가로 15.5cm, 세로 10.5cm 크기 금판에 음각된 사리봉안기에는 639년 당시 백제 왕후가 미륵사를 창건했다는 내용이 기록돼 있다. 익히 알려졌던 서동왕자와 선화공주 이야기는 사라지고 미륵사를 만든 사람으로 새로운 인물이 등장한 것이다. 당시 학계를 비롯해 대한민국 전체가 떠들썩했고, 선화공주의 아름다운 사랑 이야기는 한낱 거짓말이 된 셈이다. 때문에 삼국유사에 기록된 이야기는 서동요는 창작일 가능성이 매우 높아졌고, 미륵사의 비밀이 1,370년만에 그 베일을 벗은 셈이다.

오송제에서

1.
먹통도 깜깜부지
먹통이었어
오송동 동쪽의
오송제 있는 것도
그 바로
옆에 두고도
도시 몰랐으니
말이야

2.
방뚝 안 넓이는
6천 평쯤 될까
둘레를 돌며 보니
연못에 다를 바 없으나
아니야
이 오송제는 바로
특이식물의
보고란 거야

3.
그대 들어보셨는가
낙지다리풀 물꼬리풀
풀 이름 가만가만
입에 올려 어떠신가
잔재미
있다는 생각
혹 솟지
않으신가

4.
오송제 한나절 길
돌아오는 길목에는
파라칸타 주황빛
콩 열매가 타래타래
높푸른
가을 하늘 아래
일손 바쁜
바심질이데

한국소리문화의전당 뒤편에 위치한 편백나무숲은 오래전부터 많은 사랑을 받아왔던 곳이다. 편백나무에서 쏟아져 나오는 피톤치드를 마음껏 음미하며 시민들은 이 곳 저 곳 휴식을 취하는 모습을 쉽게 볼 수 있다. 건지산 일부인 이곳은 예전부터 희귀식물이 많아 전북대학교가 학술림으로 운영하고 있다. 학생과 연구원에게는 연구의 장소로, 시민들에게는 휴식의 장소로 자리매김한 것이다.

좀 더 깊숙이 들어가면 오송제를 만날 수 있다. 도시 인근에서 볼 수 있는 몇 안 되는 이 저수지는 편백나무 향기가 가득한 생태호수공원이다. 일반 저수지에 비하면 큰 규모는 아니지만 여러 수생식물이 서식하고 있어 관심을 끌고 있다.

호수 주변엔 나무 데크가 설치돼 있어 호수의 아늑한 풍경을 편안하게 감상할 수 있다. 편안한 물결 위에 비치는 인근 아파트의 반영도 이곳에서만 볼 수 있는 풍경이다.

늦게 찾은 탓에 오송제 연꽃은 볼 수 없지만 아늑하게 들리는 새소리와 수면 물결 모습은 정겹기만 하다. 호수 주위의 둘레길을 걸어보면 꽃향기에 풀내음도 맡을 수 있다.

이곳의 가장 큰 특징은 도심 속 생태공원이다. 오송제 주변에는 낙지다리, 연, 황금버드나무, 갈대, 줄풀 꼬리조팝나무, 삼백초 등 다양하고 재미난 이름을 가진 식물이 있다. 이쁜 만이 아니라 청적지역에서만 살 수 있는 각종 곤충들도 서식하고 있어 도심 속 생태 보고 역할을 톡톡히 하고 있다. 상류지역엔 산림청 희귀 및 멸종위기식물종인 낙지다리 군락지도 있다.

이곳이 시민들 사랑을 받는 이유는 봄에는 새로운 생명을 알리고 여름엔 시원한 그늘을, 가을엔 오색단풍과 겨울의 하얀 옷이 있기 때문이다. 누구나 특별한 장비 없이 가벼운 마음으로 유산소운동을 하면서 가족, 친구, 연인과 함께할 수 있는 장소를 제공한다. 산과 새가 노래하고 호수 위엔 핀 연꽃을 보면서 오송제를 걷는다면 건강은 물론 맑은 심신은 덤으로 찾아온다. 하지만 아직도 이곳의 존재를 아는 시민들이 많지 않다. 어찌 보면 다행스러운 일이 될 수 있지만 생태복원을 통해 더욱 사랑받는 공간이 될 것을 기대하며 걸음을 옮긴다.

성수산 상이암에서

1.
성수산 상이암
올랐던 일 분명한데
저때엔 나도 혈기
방장하였던가
숨 한번
몰아쉬지 않고
너끈히도
올랐는데

2.
이날 오르는 길
성수산 길은
왜 이다지도
가파르기만 한가
하기는
오백년 한 나라가
예서 피고
열렸거니

3.
조선왕조 개국한
이성계 장군은
용비어천(龍飛御天)의
웅비하는 꿈을 꾸고
상이암
이름도 고쳐부른
내력도 전해
온다

4.
삼청동(三淸洞) 어필
새겨 전한 글씨에선
오늘에 우러러도
넉넉한 기품 어린
이태조
한 위엄 어린
풍도에
젖네

    상이암이 위치한 임실 성수산은 예부터 명산으로 불린다. 아홉 마리 용이 구슬을 물려고 다투는 형국이라 해 구룡쟁주지지(九龍爭珠之地)라 했고, 여덟 왕이 나올 길지라 일러온 명산이다. 신라말 도선국사는 이 산을 둘러본 후 도선암을 창건했다. 이후 이곳은 왕의 길지를 받고자 한 사람들이 찾는 곳이 됐다. 왕건과 이성계가 그렇다. 도선국사 권유로 왕건은 이곳에서 백일기도 끝에 고려 건국의 대업을 성취할 수 있는 계시를 받게 된다. 그 기쁨을 억누르지 못해 환희담이라 비에 새겼다고 전해진다. 고려말엔 이성계가

이곳을 찾는다. 무학대사 권유로 이성계도 이곳에 와서 치성을 드리니 하늘에서 '성수만세' 소리가 세 번 들렸다고 한다. 이성계는 삼청동이란 글씨를 새기고 이름을 도선암에서 성수암으로 고쳐 불렀다. 이후 이성계는 자신이 삼청동이라 쓴 바위를 어필각을 지어 보존하게 했으며, 비각 뒤 바위는 아홉 마리 용이 여의주를 향해 모여드는 형국이라 해 기도터로 잘 알려지고 있다.

그래서일까. 상이암에는 성스러운 기운이 감도는 듯하다. 삼청각이라 적혀진 비석이 방문자를 맞이하고 있으며, 왕건이 새긴 환희담 바위는 현재 칠성각 앞에 놓여 있다. 고승의 사리나 유골을 안치하는 묘탑도 바로 옆에 있는데 전북문화재로 그 가치를 인정받고 있다. 아미타불을 모신 무량수전은 문 방향이 남향이고 아미타불은 서쪽을 등진 채 동쪽을 바라보고 놓여 있다. 참배자는 서쪽을 향해 절을 하게 되는데 아미타불이 서방 극락정토를 주재하는 부처이기 때문이다. 무량수전 바로 앞엔 눈길을 끄는 화백나무가 심어져 있다. 15m 정도의 상당히 큰 키로 몸통은 하나요, 중간에서 아홉 가지가 뻗어져 나간 형태다. 화백나무 밑에서 설법을 하는 스님 모습이 바로 부처 모습 그 자체다.

고려와 조선 건국의 설화가 깃든 탓인지 상이암은 많은 사람들의 기도처가 됐다. 삼청동 비각 뒤에는 절망 속에서 희망을 찾으려는 기도하는 사람들을 심심치 않게 볼 수 있다. 나라를 세우겠다는 거창의 소원은 아니겠지만 원하는 것을 얻기 위한 간절함도 느낄 수 있다. 상이암을 가는 길은 또 다른 복이다. 상이암은 성수산 자연휴양림을 거쳐야만 갈 수 있다. 황폐해진 산야에 편백나무, 단풍나무, 리기다소나무 등이 심어진 이곳은 늦가을을 맞아 단풍이 한창이다. 상이암에 도착하기 전부터 단풍에 먼저 놀라고 상이암의 성스런 기운에 두 번 놀라게 되니, 이곳은 분명 예사롭지 않은 곳이 분명하다.

오수의견 이야기

1.
할머니 팔벼개로
들은 이야기
십리 밖
오수의견 이야기는
들어도
언제나 애잔한
얘기였다

2.
언젠가 아버지 따라
오수 장을 가던 날
아버지도
의견이야기를 하셨다
지금도
그 내력 선하게
말씀하여
주셨다

3.
뒷날에 알고 보니
오수의견 이야기는
최자(1188~1260)의
〈보한집〉에도 들어나 있다
군신간
근본에 생각이
미쳤던
것인가

4.
가람께서는 교동에 계실 때
〈재동이〉를 들어
웅장한 그 음성과
풍신이 이 마을의 사자라 읊으셨다
저 날의
저 재동이가
눈앞 갈아들기도 한 이
하루였다

    흔히 제 구실을 하지 못하는 사람을 '개보다 못한'이라 칭한다. 잔머리를 굴리고 비열한 행태보단 순종하고 의리를 지키는 개의 모습이 훨씬 낫다는 이야기다. '사람보다 나은' 개도 있다. 임실군 오수면엔 인간에게 교훈을 줄 개 이야기가 전해진다. 의리가 강한 개라 해 의견이라 칭하며 비석과 무덤까지 만들면서 인격화하고 있다.

    의견에 관한 이야기는 교과서에 실릴 정도로 잘 알려져 있다. 주인인 김개인이 장에 갔다 오는 길에 술에 취해 풀밭에서 잠이 들었는데, 갑자기 불이 나자 개가 냇물에 몸을 적셔 불을 끄고 자신은 지쳐 죽었다는 이야기다. 잠에서 깬 주인은 개의 무덤과 비석을

만들고 이 사실을 알게 된 후인들은 지금도 그 개를 칭송하고 있다. 무덤주변에 주인이 사용하던 지팡이를 꽂았는데 나중에 이 지팡이에서 싹이 나고 줄기가 자라 큰 나무가 됐다. 이때부터 마을 이름을 개 오(獒)자와 나무 수(樹)자를 써 오수라 부르게 됐다. 이러한 오수의견 이야기는 여러 문헌에 실려 있는데 고려시대 최자(崔滋)가 지은 보한집(補閑集)에 자세히 기록돼 있다.

일종의 보은설화인데, 의견이야기는 오랜 시간 임실의 문화적 상징으로 인식돼 왔고, 지역민에게 자긍심을 부여하는 콘텐츠로 자리매김하고 있다. 1955년 임실군은 김개인의 생가 부지를 확보하고 2002년 생가 복원 및 2013년 김개인과 의견상을 복원해 인간과 동물의 휴머니즘을 각인하는 데 앞장서고 있다. 나아가 해마다 오수의견문화제를 진행해 그 의미를 더하고 있으며, 오수의견공원을 만들어 시민들의 휴식처로 사용하고 있다.

최근 반려견 문화가 빠르게 확산되고 있는 가운데 오수의 이런 움직임은 지역의 정체성을 확고히 하고 문화콘텐츠로서 향후 관련 산업까지 나아갈 수 있는 발판마련의 기대가 커지고 있다. 실제 오수군엔 상당히 큰 규모의 애견놀이터가 조성돼 있고 애견훈련장을 통해 자신의 반려견과 함께할 수 있는 장소도 마련돼 있다.

터무니없는 이야기라 치부할 수 있다. 하지만 의견 이야기는 임실군 오수면 외에도 강원 원주시 호저면, 함경도 북청군, 경남 창녕군 미방면, 창녕군 부곡면, 광주광역시 양림동 등 전국 22곳에서 널리 분포돼 있다. 내용은 약간씩은 다르지만 전국적 분포도를 볼 때 설화로만 한정짓기엔 아쉬움이 남는다.

은행잎 얽힌 추억

1.
은행잎 얽힌
첫 추억은
부안 선은동의
처갓집이다(1953)
멀쑥이
키 큰 나무 아래
비비새 둥지도
인상 깊었다

2.
일본 땅 첫 나들이(1970)
덴리(天理)의 가로수길
길 양켠 노랗게
흩날리던 은행잎들
오늘에
눈 앞 그려도
눈 삼삼
휘날린다

3.
엊그제 전주향교
대성전 저 앞뜰
빗금 긋고 지는
휘몰이장단
오늘에
눈 감고 앉아도
무아지경이다

4.
내 고향 은행나무는
영너머 있어
어린시절엔 잎철도
챙기지 못했거늘
잎 다진
낙목한천을
어느 겨를
챙겼으랴

올해 마지막 단풍이다. 해마다 찾아오건만 보낼 때마다 아쉽다. 한옥마을 향교에는 노랗게 물든 은행나무로 장관이다. 바람이 불 때면 우수수 떨어지는 은행잎이 마치 한 폭의 그림이다. 나뭇잎을 쫓으며 뛰는 아이들의 해맑은 얼굴이며, 나무를 배경으로 사진을 찍는 관광객 모습도 이채롭다.

한옥마을엔 향교를 비롯해 경기전 등에 수령이 수백 년 된 은행나무 17그루가 있다. 4~5m에 달하는 큰 키나 두꺼운 둘레를 보면 오랜 세월 동안 한 자리를 지킨 것을 쉽게 알 수 있다. 고즈넉한 분위기 속에서 낙엽비가 장관을 이루며 떨어지고, 이맘때쯤 전국 사진작가들의 즐겨 찾는 장소다.

이곳은 노란색 그 자체다. 하늘을 올려보다 노랗고 땅을 내려 봐도 노랗다. 흔히 은행나무를 살아 있는 화석이라 칭한다. 세계 각지엔 수천 년을 넘게 살아온 은행나무들이 많다. 국내엔 은행나무가 언제 들어왔는지 정확히 알 수 없지만 경기도 용문사 앞 은행나무는 1,100살이 넘는다고 한다.

전주한옥마을 경기전과 향교 은행나무는 이보다 못하지만 500여 년을 자랑한다. 조선시대부터 한 자리에 묵묵히 여러 고난과 격정을 이겨낸 은행나무는 계절이 바뀌어 가을이 되면 아름답게 피어난다. 발밑에 떨어진 은행나무 잎이 500여 년 전 그것과 같다는 생각이 들면 지금까지 버텨왔던 은행나무의 시간적 무게는 그리 가볍지 않게 보인다.

절정을 이루던 은행나무의 노란 잎은 바닥에 내려앉아 내년을 기약하고 있다. 앙상한 가지로 잎이 풍성했던 것에 비하면 다소 초라하게 보일 수 있다. 하지만 인생은 돌고 돈다지 않은가.

바닥에 떨어진 나뭇잎은 후일을 위한 거름이 되고 내년 이맘때면 또 다른 노란 은행나무 잎이 세상에 모습을 드러낼 것이다. 가을 단풍의 향연을 느껴보지 못했더라도 섭섭할 필요가 없는 이유다. 내년에는 더욱 노랗고 풍성한 단풍잎이 전주향교 앞마당을 수놓을 게다. 인생을 그래서 재미있다. 기다리는 재미다. 은행잎에 인생의 재미를 느낀다면 다소 비약이라 할 수 있으니 소소한 것에서부터 재미를 느끼는 인생. 살아볼 만하지 않은가.

망해사 찾고 보니

1.
얼레 달라져도
이리 달라질까
망해사 절도
앞 뒤 둘레도
어디라
어디다 없이
가늠하기
어려워라

2.
노산 선생 모신
이 절 처음 길은
감감 헤아려
반백년도 넘었는가
아 이제
노산장께 여쭤볼
길도 막혀
묘연하네

3.
벽해도 상전되어
난바다 둑을 이뤄
진묵대사 기념식수
팽나무만 도저할 뿐
해 지는
일몰조차도
가늠할 길
없어라

4.
새만금 새이름의
둑길 만 타며
좌고우면도
한동안 이지
눈시울
다시 떠보니
부안군청
앞일레

상전벽해란 말이 떠오른다. 김제 망해사에서 서해를 바라보면서 드는 느낌이다. 새만금 방조제가 만들어지기 전 망해사는 서해 바다 망망대해를 옆에 둔 조그마한 사찰이었다. 사방을 둘러보아도 끝없이 펼쳐지는 망망대해는 망해사에서만 누릴 수 있는 광경이다. 시야를 조금 돌리면 김제평야의 너른 평야도 함께 볼 수 있다. 기암괴석 벼랑위에 망망대해를 바라보고 있노라면 끝없이 펼쳐지는 바다에 나 자신을 올려놓은 느낌도 든다. 물이 빠진 갯벌은 텅 빈 가슴 속 한 켠을 보는 것 같고 물이 차오르는 만조에는 풍만함과 여유로움까지 느낄 수 있다. 진묵대사가 망해사에 있을 때엔 바닷가가 바로 눈앞에

펼쳐져 있어 해산물을 접할 기회가 많았다고 전해진다.

하지만 이제는 과거 이야기가 되고 말았다. 새만금 방조제가 바다를 막아버려 망망대해를 보는 것은 불가능하기 때문이다. 토사는 퇴적돼 새로운 땅이 생기고 호수 같은 물 위에 갈대만이 우거지고 있다. 방조제 안에 갇혀 조만간 육지가 될 날을 기다리고 있는 운명인 셈이다.

망해사는 오랜 역사에 비해 작은 사찰이다. 백제 의자왕 때 부설거사가 사찰을 지었고, 조선 인조 때엔 진묵대사가 낙서전을 증건했다. 낙서전을 제외하곤 대웅전을 비롯해 대부분 건물은 최근 만들어졌다.

망해사의 명물은 낙서전 전면에 있는 팽나무다. 선조 22년(1589년) 진묵대사가 낙서전을 창건하고 그 기념으로 심었다. 이 두 그루의 팽나무는 낙서전과 함께 수백 년의 세월을 망해사와 함께 했다.

또 다른 자랑거리는 황혼 무렵의 낙조다. 아름다운 낙조를 보기 위해서 이곳을 찾는다고 해도 과언이 아닐 정도다. 망해사에서 바라보는 낙조도 아름답지만 제대로 보기 위해선 바로 옆 전망대에 오르는 게 좋다. 북으론 군산반도가 눈에 들어오고 서쪽으론 고군산열도까지 아련하게 비친다. 황혼 무렵 인근 심포항으로 들어오는 고깃배의 모습은 정겨우면서도 이제는 곧 보지 못한 광경으로 남게 된다.

철 새

1.
1968년의 일이다
첫시집을 내면서 나는
책이름을
〈후조의 노래〉(가림출판사)라 했다
바다 밖
나들이에 철새들
생각했던
셈이다

2.
철새는 말 그대로
철을 따라 옮아 산다
참새나 까마귀는
진착한 삶이다
겨울철
갈가마귀는
흙에 와
산다

3.
등잔 밑이 어둡다고
바로 군산 앞바다인
철새들의 낙원을
감감 모르고 있었다니
너와 나
말하는 애향의
한계는
어디런가

4.
먼 하늘 섞어 날고
바다 터전 둥둥 뜨고
물가 기슭에
둥지도 틀어 사는
철새들
수수 만만 마리
군산 앞바다
장관이데

　해마다 이맘때면 군산은 철새들로 북적인다. 기러기류, 오리류, 고니류 등을 비롯해 텃새, 까치, 박새, 흰뺨검둥오리 등 토박이 새들이 함께 모여 장관을 이룬다. 관광객들은 이들의 화려한 군무를 즐기기 위해 추운 날씨에도 불구하고 발길이 이어지고 있다.

　군산 금강하구는 매년 겨울이면 청둥오리나 고니 등이 유라시아, 시베리아, 알래스카 등에서 날아와 이곳에서 월동을 하고 돌아가는 쉼터다. 특히 1990년 금강하구둑이 완공되면서 많은 물이 모이게 되고 주위 갈대밭이 형성되면서 철새들이 지내기 좋은 환경이 만들어졌다. 때문에 이곳은 전국에서 내로라하는 3대 철새 군락지로 꼽히고 있으며, 이곳의 자랑인 가창오리는 전 세계 90% 이상이 찾는다고 한다.

　군산시도 이와 관련 해마다 철새축제를 진행하며 지역경제 활성화와 관광측면 상승을 기대하고 있다. 철새축제는 금강하구에 설치된 금강철새조망대를 찾으면 된다. 2003년 개관한 이곳은 높은 전망대가 설치돼 있어 인근을 찾은 철새들을 망원경을 통해 관찰할 수 있다. 수면 위에 도도하게 떠 있는 도요새와 갈매기, 백로 등을 볼 수 있는 곳이다. 또 내부엔 철새에 대한 각종 자료들이 전시돼 있어 아이들 학습에 큰 도움이 되고 있다.

　하지만 이곳을 찾는 철새 중 가장 인기가 있는 것은 가창오리다. 가창오리는 매년 1월~2월 경 볼 수 있으며, 우리가 흔히 보는 수십만 마리가 하늘을 까맣게 날아오르는 철새 군무 사진 주인공이다. 보통 철새축제가 진행되는 시기인 11월에 가창오리를 볼 수 있을 것으로 생각하는 사람들이 많지만 실상 해를 넘긴 1월에야 이들을 볼 수 있다. 가창오리는 평소엔 갈대밭이나 수면 위에 얌전히 앉아 있으며 멋진 군무를 보여주는 시간은 오후 4시~5시 경이다. 장소도 철새조망대에서 약간 벗어난 인근 갈대숲에서 쉽게 볼 수 있다.

　예전 TV에 출연한 가수 이승기가 철새 군무장면을 찍기 위해 이곳을 찾은 적이 있었다. 하지만 첫 번째 방문엔 철새 구경조차 못하고 두 번째 시도에 성공했는데, 장소와 시간을 제대로 선택하지 못한 탓이다.

봉서사에서

1.
그간 생각만으로
문득문득 생각만으로
선뜻 나서지
못했던 길이다
이 길을
챙기게 되었으니
이런 길복
쉽겠는가

2.
봉서산 서남쪽의
이곳 봉서사는
나옹(懶翁) 화상이
중수한 바 있다하니
그 유래
오래인 것도
짐작할 수
있겠다

3.
행적 구역에선
용진면 간중리
봉서산 한 기슭
자리하고 있거니
내 이 절
그리던 것은
진묵대사(震默大師)
연유일레

4.
대사의 부도도 찾아
잠시 우러르고
봉서산 전후 좌우
손차일해 둘러도 보고
돌아선
내림길 둥둥
발목도
가벼웠다

전주를 벗어나 완주군 간중리로 들어섰다. 넓은 평야 바로 정면에 서방산이 자리잡고 있다. '올 테면 오거라'는 식으로 압도적 위엄을 자랑한다. 봉서사 가는 길은 서방산에 들어서야 한다. 꾸불꾸불 길을 타고 가다보니 마치 속세를 떠나 극락의 세계로 접어드는 느낌이다.

한국 불교 태고종 소속의 사찰인 봉서사는 727년 최초 창건된 이후 중창을 거듭했다. 16세기 말에는 진묵대사가 오랫동안 이곳에 머물면서 중창에 힘썼다. 하지만 한국전쟁 때 모든 것이 불타버렸고 진묵대사 부도만이 자리를 지키고 있었다. 현재 봉서사의 모든

건물은 한국전쟁 이후 중건된 것으로 1963년 대웅전과 요사채, 1975년 삼성각, 1979년 대웅전, 관음전, 진묵전 등이 새로 지어졌다.

봉서사는 진묵대사와 인연이 깊다. 진묵대사는 선을 행하는 것보다 민중 속으로 들어가 행동하는 실천불교의 효시로 알려져 있다. 주로 완주지역에서 활동했던 진묵대사는 봉서사에 머물면서 참선을 통해 불경을 공부했다고 한다. 유일하게 남아있는 진묵대사 부도는 봉서사 바로 옆길에 있으며 전북도 유형문화재 제108호로 지정돼 있다. 전체 높이 1.8m로 화강암을 다듬어 만들었고 둥근 몸체에 연꽃 조각의 지붕이 있다. 진묵대사는 일대 사찰을 순례하며 수행을 하다 마지막에 이곳 봉서사에서 열반했다.

진묵대사와 얽힌 설화도 전해진다. 어느 날 큰 불이 나 불길을 잡지 못한 상황이 됐을 때 진묵대사는 솔잎에 물을 적셔 불길에 번지는 곳에 뿌려 불길을 잡았다는 일화가 전해진다. 또 지팡이로 바위를 뚫어 발견한 약수터가 있는데 그 약수맛에 많은 사람들이 자주 찾는다고 한다.

봉서사는 산기슭에 위치한 탓에 넓지 않은 곳에 터를 잡고 있다. 각 건물 역시 띄엄띄엄 위치해 있고 평지가 아닌 비탈진 곳에 간신히 자리 잡은 형세다. 산에서 내려다보이는 전경을 마주하면 별의별 생각이 든다. 속세에서 그리 멀지 않은 곳인데도 마치 멀리 떠나있는 것 같고, 속세의 찌든 때에서 벗어난 상쾌한 기분이 든다. '나 자신이 깨달으면 곧 부처다'란 말이 생각날 정도다. 1,000여 년 전 진묵대사도 이곳에 서서 같은 생각을 하지 않았을 까 상상을 하니 경건한 마음까지 생긴다. 오랫동안 밑을 내려다보며 쉽사리 발걸음이 떨어지지 않는 이유다.

문화유적공원

1.
때로 이 앞 간간
지난 적 있지만
이렇듯 한 자락
능선에 흐르는 곳
큰 무덤
덩실이 있는 것도
모르고
다녔네

2.
먼 옛날 어느제
짚어 볼 수 있을까
마한 진한 변한의
3한때라면
달리던
말 밭에 내려
마전(馬田)이란
바로 이곳 아닐까

3.
돌덧널무덤 이어
5호분까지 들어나
마한 50여 골 충청 아울러
뒷날의
큰 백제 이루었는가
상념에
젖어도 본다

4.
동짓달 추운 날씨에
굽은 허리 옹송그려
이 생각 저 생각
떨치지 못한 채
문학대
공원 계단을
조심조심
내려섰다

　상전벽해도 이보다는 아니다. 30년 전 이곳은 그야말로 오지였다. 전주 바로 인근에 있으면서도 일반 사람들은 전혀 찾지 않은 곳이었다. 개발붐이 일기 시작하면서 서곡지구에 아파트가 들어서더니 서부신시가지는 불야성을 이루고 있다. 변해도 너무 변했다.
　서부신시가지에 있는 문학대공원은 인근 주민들의 휴식공간으로 사랑받고 있는 곳이다. 여느 공원과 마찬가지로 잔디가 있고 가벼운 체육시설과 산책로가 구비돼 있다. 하지만 눈에 띠는 것이 있으니 바로 고분군이다. 공원 내에 위치한 고분군은 삼한 시대 조성된 것으로 알려져 있다. 서부신시가지가 한창 개발 중이던 때 발견됐으며, 당시 각종 문화재와 5개의 고분군이 세상에 모습을 드러냈다. 마전 고분군이다. 이곳은 마천 유적과 청동유적 예매, 봉공 유적이 있는 곳으로 유적의 가치가 매우 높아 체험학습공간과 주민들의 문화공간으로도 활용되고 있다.

고분군은 평지에서 잘 보이지 않는다. 5m 높이의 언덕을 오르면 5개의 크고 작은 고분이 눈에 들어온다. 가장 먼저 만들어진 것으로 판단되는 1호 토광목관묘는 바닥에서 수습한 목탄의 절대연대측정값을 보면 기원후 210년으로 추정된다. 매장시설은 주로 봉분의 서쪽과 북쪽에 집중돼 있고, 전체적으로 시간차를 두고 북서쪽에 일정한 간격으로 추가되는 양상을 띤다. 무덤은 돌덧널무덤을 비롯해 횡혈식석실묘 등 무덤간의 변화와 시간차를 이해하는 좋은 자료로 판단되며, 출토 유물로는 목짧은단지, 병, 굴다리접시 등 다양한 그릇과 함께 철제낫, 철제도끼, 철제칼, 철제장신구, 많은 양의 옥 등이 확인됐다. 발굴된 유물이 약 1,300여 점에 이른다.

지난 2006년 발굴이 진행됐으며, 특히 3호분 고분은 대형유리로 보호돼 있어 일반인들은 전시관에 들어가지는 못하고 유리창 밖에서 볼 수 있게 돼 있다.

이뿐 만이 아니라 공원 이 곳 저 곳 산책로 바닥에는 선사시대 사람들의 물고기를 잡는 모습을 비롯해 삼국시대 집 내부 풍경 등이 그려진 타일이 있다. 말 그대로 도심 속 유적공원인 셈이다.

북고사 묵상

1.
전주 부성 밖
동남서고사와 함께
이 고을 전주
지켜온 절이라 일러
북고사
일운 진북사로
불리기도
하였다

2.
진북사를 일러
부엉바우절이란 것은
어떤 연유런가
어스름
달밤이면 우는
부엉이 소리
깊어선가

3.
이 절 경내 둘러 살핀
전라감사 이서구는
만년 향화 길에
다함 없으리라
선점을
친 바 있다는
이야기도
전한다

4.
북고사 오늘의 주지
비구니 스님의
독경소리만
귀 담아 듣다가
발걸음
묵묵 되짚어
섬돌을
내려섰다

    등잔 밑이 어둡다는 말이 있다. 진북사를 두고 한 말 같다. 진북사는 진북동 전주천변 화산(호암산)에 위치해 있다. 규모가 워낙 작다보니 눈여겨보지 않으면 지나치기 일쑤다. 하지만 규모에 비해 그 역사는 상당히 길다.

    진북사의 원래 이름은 북고사다. 후백제를 세운 견훤이 전주의 안녕을 위해 동서남북에 절을 짓고 전주 수호를 기대했다. 진북사는 경사가 심한 산중턱에 아슬아슬 걸려 있는 형태다. 올라가는 길은 매우 짧지만 좁고 가파르다.

    진북사에 이르는 호암산 능선을 유연대라고 하는데 이 유연대 북서쪽의 끝머리인 어

은골(어은동)에 있다 해 부엉바위 절이라고도 불린다.

진북사를 논할 때엔 전라감사 이서구를 빼놓을 수 없다. 이서구는 40대 초반인 정조 때와 60대 후반인 순조 때 전라감사를 두 번이나 역임한 인물이다. 그는 전라감사를 지내면서 수많은 예언을 한 사람으로 알려져 있는데 그 예언이 사실로 등장하면서 또 한 번 관심을 받기도 했다.

당초 북고사에서 진북사로 이름을 변경한 것도 이서구였다. 그는 풍수지리설에 따라 전주성의 북쪽에 있는 이 절에 나무를 심고 이름을 진북사로 개명했다. 주요 건물로는 대웅전, 미륵전, 산신각, 요사가 있고 유물로는 선조미륵불상이 남아 있다. 현재 모습은 1922년 중건한 형태이다.

전설도 있다. 1930년대 절 인근에 사는 한 노파가 꿈을 꿨는데 미륵이 나타나 편안한 장소로 옮겨주길 간청했다. 노파는 진북사 아래 전주천변에서 불상을 찾아내 장소를 옮겼다. 몇 년 후 절의 신도들이 미륵전을 짓고 미륵불을 남향으로 세웠는데 일꾼들 꿈에 나타나 동향으로 옮겨달라고 한다. 일꾼은 무거워서 옮기기 어렵다고 하자 손만 대면 움직일 거라 했다. 다음날 주지와 일꾼이 미륵불이 있는 불단에 손을 대자 저절로 동향으로 옮겨졌다고 한다.

메타세쿼이아 길

1.
사철을 두고
바라보아도
메타세쿼이아 길은 그저
바라보는 것만으로
시감이
새록거린다
언제부터
였던가

2.
처음엔 담양 가는 길
길 양켠을 줄이어
하늘을 찔러
높고 높게도 솟은
연녹색
푸르름 길었어
삽상한
시감이었어

3.
우리 전주천 변
메타세쿼이아가
신록의 푸른 햇살
눈부신 날엔
아침길
출근길을 일부러
에둘기도
했었지

4.
겨울철 진갈색의
내리막 고갯길
진안 부귀메타세쿼이아 길은
낙목한천
다갈색
하늘빛도
다스함을
풀어주데

'배부르고 등 따뜻하다'는 말이 있다. 사람이 살아가면서 가장 기본적인 의식주가 해결됐다는 뜻이다. 의식주가 해결되지 않은 상황은 정상적 상황판단이 어렵고 매사가 급하게 된다. 본인의 배가 부르고 등이 따뜻해야만 세상이 평화롭게 보이고 보다 넓은 시야를 가지게 된다.

전주에서 진안 방면 구도로에 있는 메타세쿼이아 길에 가면 드는 생각이다. 수도 없이 이 길을 지나갔건만 그 많은 메타세쿼이아 나무는 눈에 들어오지 않았다. 그만큼 여유가 없는 삶을 살았던 것이다. 하지만 언제부턴가 이 길에 늘어선 메타세쿼이아 나무가 입소문이 나기 시작했고, 현재는 많은 사람들이 즐겨 찾는 명소가 됐다. 나무 수가 늘어난 것도 아니요, 나무가 눈에 띌 만큼 갑자기 크게 자란 것도 아니다. 우리네 삶이 그만큼 윤택해지고 야외 나들이로 나가는 사람들이 많아졌기 때문이다. 디지털 카메라가 보급되면서 파인더에 멋진 그림을 담을 장소가 필요했고, 진안 부귀면 메타세과이아 길은 반드시 가야 할 명소가 됐다.

메타세쿼이아 가로수 길은 전남 담양이 전국적으로 유명하다. 하지만 휴일이면 넘치는 사람들로 발 디딜 틈이 없을 정도이며, 사람들은 보다 조용한 장소에서 메타세쿼이아를 보길 원했다. 바로 이곳이다. 담양처럼 큰 규모는 아니지만 이 길은 사시사철 각기 다른 풍경을 제공한다. 봄에는 막 자라나는 푸른 잎내음을 풍겨주고 여름엔 뜨거운 햇빛을 가려주며 울창한 녹음을 자랑한다. 가을은 울긋불긋 단풍이 든 가로수가 뽐내고 있으며, 겨울엔 하얀 눈에 덮인 멋진 풍경을 자랑한다. 계절과 상관없이 무조건 아니 일부러 들러야 할 곳이다. 최근엔 국민 드라마로 알려진 '내 딸 서영이'의 마지막 장면을 이곳에서 촬영하면서 전국적으로 유명세를 타기도 했다. 또 진안군은 이곳에 사람들이 모이자 2km 메타세쿼이아 가로수 주변 잡초와 잡목을 제거해 산뜻하게 정비하기도 했다.

아무 생각 없이 스쳐 지나가는 길이 이제는 사람들 관심을 모으는 길로 재탄생됐으니 참으로 세상은 알고도 모를 일이다.

편백숲길

1.
공수봉 남쪽
방고개 동쪽
안온한 품안
다소곳이 안겨있는
숲길이
바로 이 골짝의
편백숲
길이란다

2.
길 한편 접어들자
안내판이 걸려있다
골안은 개인소유임을
밝혀둔 것이다
이 많은
땅주인공은
어느 고을
사람일까

3.
괜한 감탄이다가
한 굽이 오른편이자
창암 이삼만의
정자가 들어난다
편백숲
골안에 앉자
도처의 편액
썼다 한다

4.
골 안을
빠져나온 어구에서
우렁된장 쌈
뚱땅 감식하고
차 안에
돌아와서도
피톤치드
기운이었어

사리문에 개 짓거늘 동자를 불러 너 나가 보아라
이러한 궁벽한 마을에 어느 벗이 나를 찾을건가
아마도 가을 바람에 낙엽 소릴까

창암 이삼만 선생이 공기골에서 지은 시조다. 완주군 상관면 죽림리에 위치한 편백나무 숲은 공기골 또는 공기마을로 통한다. 마을 모양이 마치 밥공기를 닮았다 해 지어진 이름이다. 공기마을은 조선후기 3대 명필인 창암 이삼만 선생이 세상을 뜨기 전 제자들을 지도했던 곳이다. 전주에서 차량으로 20분가량이면 도착할 수 있는 곳이지만, 예전만 해도 사람이 드문 한적한 곳으로 추정된다. 창암 이삼만 선생도 '궁벽한 마을에 바람만

찾는다'고 노래하지 않았던가.

하지만 시대가 변했다. 공기마을 안쪽에 위치한 편백나무숲은 웰빙 시대를 맞아 힐링여행지로 각광을 받고 있다. 가벼운 등산로를 따라 숲의 여유를 느낄 수 있고 빽빽한 편백나무숲을 배경으로 호사스런 시간을 보낼 수 있다.

편백나무는 피톤치드를 스스로 뿜어내 아토피나 피부염 환자에게 좋다고 알려져 있다. 일본에서는 히노키로 불리는 욕탕재료로 사용하고 있다. 오랫동안 썩지 않고 은은한 향이 일품이다.

이것을 느끼기 위한 사람들의 행렬은 이곳 편백나무숲에도 이어지고 있다. 저마다 최대한 편안한 자세로 삼림욕을 즐기고 앉아서 때론 누워서 울창한 편백나무의 향기를 맡는다. 원래 숲에는 모기 등 벌레가 많은데 이곳에는 피톤치드 덕분에 해충이 살지 못한다고 한다. 여름에 가도 모기나 벌레들 걱정은 덜어도 좋을 정도다.

편백나무숲에서 삼림욕을 즐겼다면 가벼운 트래킹에 나서는 것도 좋다. 편백나무숲 일대에 가벼운 등산코스가 마련돼 있어 인근 옥녀봉, 한오봉까지 들릴 수 있다.

알려진 바에 의하면 이곳 편백나무숲은 1976년 산림녹화사업으로 조성됐다. 약 10만 그루가 식재돼 완주군의 깨끗한 자연향기를 자랑하고 있으며, 영화 최종병기 활을 비롯한 다양한 영화들이 촬영되기도 했다. 본래 사유지로 잘 알려지지 않았고, 아는 사람만 찾는 곳이었다가 영화 최종병기 활이 개봉하면서 많은 사람들이 찾는 곳이 됐다.

좌우로 빽빽한 편백나무를 뒤로 한 채 하늘을 바라보며 걷노라면 대자연의 기운이 몸속에 들어오는 듯싶다. 신선한 공기와 편백나무만이 주는 풍경은 이곳만의 자랑이다.

전주 약령시

1.
약령시라면
지난날 약재를 팔고사는
저자를 일컬어
말함이었다
전주의
약령시라면
다가골목이
이름높았다

2.
다가동 이 골목은
전주천변으로 쭉
통해있던
기다란 골목이었다
약재도
한약 뿐 아닌
당재도 넘치고
넘쳤다

3.
지난날 약전거리를
말하는 돌비 한 점
오도카니 지난날의
번화를 말해줄 뿐
골목 안
갸웃거리는
발걸음도
없구나

4.
골목 안 뚫린
한 길을 두고서도
영고성쇠를
말할 수 있다면
다가동
이 약전 골
골목 아닐까
느껍다

　과거 전주 약령시는 수많은 약재가 거래되는 곳이었다. 이를 기념한 축제가 몇 해 전까지만 해도 진행이 됐었다. 과거 활발했던 약령시를 알리고 그 자취를 이어가기 위함에서다. 하지만 언제부터인지 타 시도에 주도권을 빼앗기면서 약령시 축제에 대한 의구심까지 제기됐다. 결국 약령시 축제는 사라졌고, 그 흔적조차 찾을 수 없게 됐다. 이제는 골목 한 구석에 비석 하나만이 홀로 자리를 지키고 있을 뿐이다.

　전주 약령시 역사는 1923년으로 거슬러 올라간다. 자료에 의하면 그 해 7월 전주 중앙동에 있는 동서의학연구회관을 중심으로 전주 약령시 설립을 위한 발기인회가 개최됐다. 당시 대전은 약령시 개시 10주년을 맞은 해였고 대구 약령시는 약품 개선 논의 및 신문 광고 등 활발한 활동을 보였다. 전주는 상당히 늦은 편이었지만 사람을 끌어오기 위한 경쟁을 시작했다. 야간 영업을 위한 전기가 가설됐고, 시내 음식점과 여관은 가격 할인을 했다. 또 약령시 기간에는 화물 운반비도 절반으로 할인토록 했다.

당시 전주 약령시는 현 다가동 우체국 사거리에서 완산교에 이르는 구간에 개설됐으며, 도내산 222종, 타도 및 중국산 370~380여 종 등이 거래됐고 일본 수입산을 합하면 800여 종에 달한다고 한다. 1936년 전국 약령시 매출을 보면 전주 70여 만 원, 대구 70여 만 원, 대전 20여만 원, 진주 10여 만 원 등이다. 타 지역보다 늦게 출발했지만 다양한 방법을 통해 가장 활발한 현황을 보여준 것을 알 수 있다.

이후 1943년 조선총복부의 '생약통제령'에 의해 약령시는 폐지됐으며 전주는 1999년 전주 약령시를 기억하는 원로 한의원들을 중심으로 전주 약령시 한방엑스포를 통해 부활했다. 이후 전주한옥마을을 중심으로 약령시 축제가 매년 열렸지만 2010년 11회를 마지막으로 중단됐다. 현재 전주 약령시 거리를 가면 일제 강점기 때인 1927년 전주 약령시 총무였던 박계조를 기념한 비석만이 홀로 자리를 지키고 있다. 그것도 비석의 존재를 아는 사람도 찾기 힘든 골목 안에 말이다. 역사는 돌고 돈다는 말이 있지만 어렵사리 부활한 전주 약령시가 지자체장의 무관심이나 일부 사람들의 목소리로 인해 다시 사라진 점은 두고두고 아쉬운 대목이다.

한국도로공사 수목원

1.
얼마 얼마쯤
헤아릴 수 있을까
만 평 수만 평
수 수 수만평
눈 들어
손차양하며
휘휘 둘러
에둘러 본다

2.
나무 나무 이름도
갖은 풀꽃 이름도
향내 지닌 향초
가시 돋친 백년초
날짐승
길짐승 깃 좋은
공작이도
있구나

3.
이켠 저켠 이리저리
이 동 저 동 들랑날랑
난로 놓은 온대도 보고
대만 인도 고무나무도 보고
별천지
따로 없는 예가
별유천지
아닐런가

4.
이리 돌고 저리 돌고
돌고 돌다 다 못 보고
한국도로공사수목원
되돌아보며
내 나라
앞날 싹수를
봄햇살에
비손한다

한국도로공사 수목원은 전주 톨게이트 인근에 있다. 도시 인근에 있지만 눈에 띄지 않는 곳에 있어 아직도 모르는 사람이 많다. 이곳을 주로 찾는 사람들에겐 천만다행이란 느낌이 들 것이다.

이 수목원은 만들어진 연유가 이채롭다. 한국도로공사가 도로건설과정에서 불가피하게 훼손되는 자연의 아픔을 어루만지기 위해 1974년 조성됐다. 당연히 비영리로 운영된다. 수목원은 건설공사 구간에서 발생하는 희귀 및 유용 식물자원을 수집해 보존하고 이것을 시민들에게 개방해 녹색문화체험을 가능케 했다. 또 향토 자생식물 등을 직접 생산해 고속도로 조경공사에도 활용하는 등 친환경적인 경영의지도 엿볼 수 있는 곳이다.

약 33만 제곱미터의 규모를 자랑하는 이곳은 1995년 전주수목원으로 이름을 바꾸었다가 2007년 현재의 이름으로 다시 개명했다. 예전에는 일요일에는 문을 열지 않았지만 최근 들어 주말에 개방하면서 사람들의 사랑을 받고 있다. 공기업에서 운영하는 유일한 수목원이 전주에 있다는 게 참으로 다행이란 생각이 든다.

수목원이니 당연히 꽃이 피는 봄과 가을에 이곳을 찾는 게 제격이다. 하지만 한 겨울이라 해도 걱정할 필요는 없다. 실내 수목원이 구비돼 있어 마치 제주도 수목원을 온 듯한 착각이 들 정도다.

수목원 들어가는 입구는 메타세쿼이아 나무가 방문자들을 환영하고 있으며, 은행나무, 소나무 군락길부터 시작해 담양 죽녹원에서나 볼 듯한 대나무길도 만날 수 있다. 또 나무나 풀 등에는 친절한 설명이 담긴 팻말이 세워져 있어 아이들 교육에도 무척 좋은 곳이다.

또 넓은 대지에는 수생식물원, 암석원, 장미원, 양치식물원, 들풀원, 녹화식물원 등 12개의 주제원이 조성돼 있고, 특히 약초원의 경우 전국 산야에 자생하는 약초 450여 종도 이곳에 가면 볼 수 있다. 현재 수목원에는 185과 3,210종의 식물이 자리하고 있다.

수목원이라 해서 나무와 풀만 있는 게 아니다. 오리나 꿩 등 다양한 동물이 서식하는 작은 동물원도 있고, 호사스럽게 여유를 부릴 수 있는 호수도 있다. 호수 위 정자에 앉아 개구리 소리를 듣고 있노라면 신선놀음이 따로 없다.

또 수목원 길을 따라 걷다보면 이리 저리 조성된 오솔길들을 볼 수 있다. 어디로 갈까 망설일 것 없이 눈에 보이는 길로 접어들면 길마다 조성된 각기 수목의 세계가 펼쳐짐을 느낄 수 있다.

다양한 시설과 풍부한 자연자원으로 인해 이곳은 2011년에 환경부 서식지외 보전기관으로 등록되기도 했으며 지금은 전주 여행길에 반드시 들려야 할 명소가 되고 있다.

비사벌 설경
-오목대에서

1.
욕심이 과했었지
이른아침 서둘러
눈구멍 헤쳐
무릎까지 빠지며
오목대
설경 만 챙겨
눈보라 속을
올랐어

2.
벅찬 숨 헉헉
헉헉거리며
이도 과유불급
노욕 아니런가
막
눈돌리려는 참
눈앞 바로
주필각이데

3.
오목대 이 바로
벼랑 아래는
양사재의 뒤란이거니
상수리 우려 쑨
상수리
술안주 묵 맛도
차진 진기
있었지

4.
이 아침 서둘러
오목대 오른 뜻은
부중 설경 원근 없이
바라보잔 꿈이었거니
이 한뜻
뒷자랑도 다
챙긴 셈인가

올해는 한 번 내리면 대설이다. 지난해 12월 두 번 가량 크게 내린 눈이 온 세상을 뒤덮는가 싶더니 해가 바뀌어도 마찬가지다. 올해 눈은 살짝 왔다 가는 법이 없다. 하늘에 구멍이라도 난 듯싶다. 눈을 쌓이고 세상은 하얗다. 자동차는 엉금엉금 기어가고 사람들은 긴장한 채 조심스레 길을 걷지만 그래도 좋다. 눈이 내리는 것을 좋아하는 것을 보면 아직도 정신연령이 어린가보다.

한옥마을로 걸음을 옮겼다. 오목대에 오르는 길엔 쌓인 소복한 눈으로 발목까지 빠진다. 나무마다 저절로 만들어진 상고대는 겨울에 피어나는 유일한 꽃이다. 나무를 툭 치며 도망가는 아이와 떨어진 눈덩이를 한아름 머리에 지고 뒤쫓는 풍경은 어린 시절 경험 그 자체다.

오목대에서 내려다 본 한옥마을의 설경을 언제 봐도 즐겁다. 햇살은 한옥 기와 능선에 걸려 포근하고 전동성당 돔 지붕 위의 눈은 경건한 느낌까지 준다.

어제까지만 해도 검푸른 빛을 자랑했던 한옥마을의 기와들은 온데 간 데 없고 솜이불을 덮은 듯 고요한 자태를 뽐낸다.

추운 날씨에도 한옥마을을 찾는 관광객들은 이 절경을 놓칠 새라 카메라 셔터를 연신 누른다.

끝도 없이 펼쳐진 한옥 기와 능선에 흩뿌려진 하얀 눈이 이다지도 아름다웠는지 다시 한 번 두 눈을 비비고 보게 된다.

추운 날씨에 언 몸을 녹이고자 들어간 조그마한 카페에서 바라본 풍경도 환상적이다.

주인장이 잘 가꿔놓은 마당의 작은 나무엔 이파리마다 눈의 요정들이 옹기종기 모여 있다.

2016년 새해를 맞아 내린 눈은 올 가을 풍년의 전도사이며 어린 시절 추억의 응집판이다. 매년 만나는 광경이지만 언제 또 볼거냐 마음이 급하다. 콧물은 연신 흐르고 손은 시렵고 신발은 다 젖었건만 개의치 않고 눈밭을 헤매는 모습이 웃음이 나온다. 눈이 오는 날을 이래서 즐겁다.

아리랑문학마을 참관기

1.
아리 아리 아리랑
아라리요
아리랑문학마을
찾아가는 길은
아라리
아리랑 아라리요
콧노래의
흥결이다

2.
아리랑문학마을
막상 들어 살펴보니
오밀조밀 꾸민
규모도 엄청나다
이거 다
군비론 어림없는 일
도비 국비
요량해 본다

3.
8.15 광복 전 후
근현대를 축약한
쓰라린 아픔도
통탄의 절규도
발걸음
걸음 걸음에
묻어 들어
오른다

4.
아 그래 여기가
하얼빈 역인가
우리 안중근 의사의
육혈포 앞에 쓰러진
이토의
꼴사나운 몰골도
판 박아
놓았다.

　우리시대 대표소설 조정래의 〈아리랑〉을 실제 그대로 재현한 마을이 있다. 김제시 죽산면 화초로를 찾으면 조정래 작가의 대하소설 〈아리랑〉을 현실감 있게 재현한 이른바 '아리랑 문학마을'을 만날 수 있다. 마을은 홍보관을 비롯해 소설 속 배경이 된 근대수탈기관인 주재소, 면사무소, 우체국 등의 건물이 세워져 있고, 소설 속 인물이 살았던 집들이 마치 실제 건물처럼 들어서 있다. 언뜻 보면 영화촬영을 위한 세트장이라 해도 과언이 아닐 정도로 정교하며, 이 집 저 집을 들여다볼 때마다 소설 속 인물과 관련 내용이 머릿속에 떠오르게 된다. 비록 책을 읽지 않았다 해도 과거 우리 민족의 아픈 역사를 고스란히 느낄 수 있어 의미가 더해지고 있다.

　소설 〈아리랑〉은 한일합방 전후에서 광복이 될 때까지 김제에서 일어나는 일들이 지면을 차지하고 있다. 일제에 의한 식량 수탈과 강제징용 등이 사실적으로 묘사돼 있으며 당시 우리 민초들의 애환과 고통들이 녹아 있다. 용서는 하되 잊지는 말자란 말이 저절로 떠오를 만큼 역사 속 진실을 책에서 만날 때마다 한숨짓던 순간들이 상기된다.

　죽산면사무소와 주재소, 우체국, 정미소 등은 텅 빈 건물이지만 어떤 역할을 했는지 쉽게 짐작할 수 있으며 벽에 걸린 소품들은 고개를 돌릴 정도로 외면하고 싶을 정도다. 소설 속 배경을 한 바퀴 돌고나면 다른 관광지에서 느낄 수 없는 참담한 기운과 허탈한 심정이 가슴 속을 가득 메운다.

　걸음을 옮기면 눈앞에 들어서는 큰 건물이 있으니 하얼빈 역이다. 당시 역 규모를 60% 축소해 만든 이 건물은 내부에 국내외 독립운동가와 항일 투사 초상화가 먼저 눈에 들어온다. 실내 전시실은 우리 민족 수난사를 그대로 재현한 곳으로, 단순히 글과 사진으로 된 전시물을 보는 것만으로도 실제 당시 상황을 짐작하는 것은 그리 어렵지 않다.

　역 뒤편에는 실제 기차와 철길이 있고 안중근 의사가 이토 히로부미를 저격하는 동상에 세워져 있다. 비록 조형물이지만 안중근 의사의 비장함을 물씬 느낄 수 있으며, 대한민국 어떤 조형물보다 비장하고 의미 깊은 조형물이 있으랴 생각이 든다. 안중근 의사여. 그대야말로 대한민국을 대표하는 으뜸 의인이며 영원히 빛나는 별이리라. 저절로 고개가 숙여지는 순간이다.

대장촌역에 얽힌 삽화

1.
사적인 이야기임을
먼저 밝혀 둔다
기차 역은 말할 것도
없지만
나와는
신작로 와의
인연이 더
깊다

2.
군산상과대학
강사 때의 해프닝 하나
버스 안에서
책가방을 잃었다
저때의
책들을 내 단골
고서점에서
되만났다

3.
반세기도 더 지난
옛 추억이다
오늘의 대장촌역은
우리 문화유산 210호
역사 앞
청청 푸른빛의
향나무가
일품이다

4.
섣달 그믐께의
낮때가 되어
이곳 유명한
구탕을 제쳐놓고
감저탕
폭신한 맛 챙겼으나
맛은 제 맛
아니었다

춘포역은 더 이상 기차가 다니지 않는다. 전라선 복선 전철화가 진행되면서 폐역이 됐다. 더 이상 쓸모가 없어진 춘포역은 한 때 철거 위기까지 갔다. 철로는 제거됐고 기찻길로 짐작됐던 형태가 남아 있을 뿐이다. 시간이 멈춰진 형태다. 1914년 만들어진 춘포역의 당초 이름은 대장역이었다. 일제 강점기, 이곳에 몰려든 일본인들이 '넓은 들판'이란 의미로 대장촌이란 이름으로 부르면서 자연스레 기차역도 대장역이 됐다. 이후 1996년 일제 잔재 청산 작업의 일환으로 춘포역으로 이름이 바뀔 때까지 약 80년 동안 대장역이란 이름이 사용됐다.

이 역은 호남평야에서 생산된 수많은 곡식이 군산으로 가기 위해선 이곳을 지나쳐야 했다. 그래서인지 이곳은 군산 임피역과 함께 일제 강점기 중요한 역사의 흔적으로 남아 있다. 춘포역의 순수 우리말은 '봄개역'이라 한다.

춘포역은 역사적 흔적 외에도 건축학적 의미도 깊다. 이곳은 슬레이트를 얹은 지붕의 목조구조로, 소규모 철도역사의 전형을 잘 보여주고 있다. 건립된 시기에서 알 수 있듯이 국내 현존하는 역 중 가장 오래된 것이다. 때문에 역사적, 건축적, 철도사적 가치가 큰 것으로 평가받고 있다. 지난 2005년 11월 11일자로 문화재로 등록되면서 근대문화유산이 됐다.

2011년 폐쇄되며 우리 기억에서 사라졌던 춘포역이 최근 들어 다시 호흡하고 있다. 익산문화재단은 이곳 진입로와 입구에 사진 조형물과 포토존을 설치하고 내부에는 전시체험공간을 만들어 춘포역사 재조명에 들어갔다. 작년에는 춘포역 100주년을 기념해 동춘서커스 공연, 연날리기, 명예역장 탑승권 끊어주기, 허수아비 만들기 등 다양한 이벤트가 진행되기도 했다. 특히 춘포역을 중심으로 관련된 역사와 추억 등을 현장 교육장으로 활용하고 근대 역사문화공간을 복원해 후대에 계승할 계획이다.

춘포역이 다시 태어나고 있는 것이다. 추운 겨울날 찾은 춘포역은 한가롭고 여유로운 표정이다. 익산문화재단이 만들어 놓은 포토존만이 낯선 방문객을 맞이하고 있다. 실내는 현수막과 각종 체험 장비들이 들어섰지만 문이 잠겨 자세히 살필 수는 없었다. 하지만 근대 역사의 숨결을 고스란히 간직한 춘포역은 그 역사적 상징성이나 아름다움에 있어 쉽게 지나칠 수 없는 유의미한 곳이다. 그래서일까. 이곳의 의미를 뒤늦게나마 깨달은 익산문화재단의 행보에 고마움을 느낀다. 이들의 계획처럼 후대에 계승할 소중한 우리의 문화자산이 되길 바래본다.

임실치즈 테마파크에서

1.
전주 남원 길에서
남원 전주 길에서
임실 치즈 찾아
치즈를 구하군 했지
치즈 맛
이리 챙긴 것
언제부터
였더라

2.
이제 생각하면
전설 때문이었어
벽안의 신부 이야기
그대도 아시리
반세기
꼭 반세기 전의
신화라네
이제는

3.
임실치즈 테마파크
이리 두리번 저리 두리번
두리번거리며
총총히 걸어도
두루 다
살펴 걷자면
어느 세월이랴

4.
아 이제 뿐이랴
가도 또 가고 가도
임실 치즈 테마파크
새 전설 새 신화로
신부님
지신부님 더불어
하냥 여기
남으리

　임실치즈를 사랑하는 전북도민에게 최근 반가운 소식이 날아왔다. 치즈를 이 땅에 전한 지정환 신부가 한국 국적을 얻은 것이다. 지정환 신부는 지난 1964년 임실성당 주임 신부로 부임하면서 임실지역에 치즈를 알리며 선구자 역할을 톡톡히 했다. 그는 1967년 산양 2마리로 시작해 산양유를 팔기 시작했고 남은 우유는 치즈를 개발하며 결국 여러 시행착오 끝에 치즈공장을 건립했다. 이후 독일 치즈 생산장비를 도입해 선진 시스템을 구축했고, 우유생산 농가를 중심으로 협동조합을 설립해 조합원들에게 치즈를 통한 희망을 심어줬다. 이후 모짜렐라 치즈생산에도 성공하면서 서울과 대기업에 치즈를 납품하는 성과도 이뤘다.

지 신부로 시작한 치즈생산이 이후엔 임실군의 대표산업이 됐고, 지속적 성장을 2005년 임실군을 치즈산업의 메카가 됐다.

임실치즈 테마파크는 이런 일환으로 만들어졌다. 치즈가 일반 농가에서 생산되면서 일반 사람들의 접근이 약간 어려웠다면 치즈 테마파크는 일반인들에게 치즈의 역사 및 치즈 체험과 판매 등 다양한 프로그램들이 마련됐다.

드넓은 평원에 마치 유럽을 간 듯한 착각을 불러일으키는 유럽형 건물들은 이곳을 찾는 사람들에게 잊지 못할 기억을 제공한다. 테마파크는 국내 유일의 체험형 치즈 관련 관광지로 2004년부터 8년간 사업기간을 거쳐 조성됐다. 면적만 해도 13만 제곱미터로 축구장 19개 넓이다.

이곳은 치즈산업이 임실지역의 특화사업으로 조명받기 시작하면서 치즈 관련 장소를 한 곳으로 집적화한 곳이다. 지식경제부가 임실치즈과학연구소를, 농림수산식품부는 유가공 공장을, 문화체육관광부는 임실치즈 테마파크를 한 장소에 조성했다. 체험을 통해 임실 치즈 산업 전반을 선도하고 지역경제를 이끌겠다는 결심이 이곳을 통해 실현되고 있는 것이다. 스위스 아펜젤러를 본 따 만든 이곳은 임실치즈와 피자 만들기, 유럽전통음식 만들기 등 다채로운 체험도 마련돼 있다. 또 홍보관에는 임실치즈가 생산되는 역사 교육을, 유가공 공장은 치즈가 만들어지는 원리를 직접 눈으로 배우며 익힐 수 있다. 이밖에 아름다운 분위기를 연출하는 치즈캐슬을 비롯해 청정자연을 느낄 수 있는 드넓은 목장, 짜릿한 자연의 곡선을 만끽하는 썰매장 등 임실치츠 테마파크만의 색다른 즐거움을 느낄 수 있다. 특히 치즈 축제가 진행되는 계절엔 다양한 종류의 치즈를 맛볼 수 있고 이색적인 치즈 만들기 체험도 즐길 수 있으니 그야말로 유럽풍 전원에서 느낄 수 있는 문화충전소가 바로 이곳이다.

논개사당에서

1.
논개 사당 길엔
흥 절로 앞을 선다
수주 변영로의
명시도 앞을 서고
잔 물결
가슴에 일어
뭉클거린
흥결 인다

2.
서원 사당이야
많으면 많을수록
빛나고 꽃다운
보람찬 일 아니겠나
우리의
논개사당에서
새삼 느껴
자랑일레

3.
아 저 임진년의
왜적떼 떼난리에
장군들 우리 장군들
별처럼 다 지다니
이 통한
분통을 어디 들어
설욕할까
설욕해

4.
진주 남강 흐르는 물에
가시고 헹군 일편단심
양귀비꽃 꽃보다
더 붉고 붉었거니
사당도
논개사당도 더불어
천추 더욱
빛이리

　장수는 의인의 고장이라 불린다. 이른바 '장수삼절'이라 해 충복 정경손, 순의리 백씨 그리고 오늘의 주인공 의암 주논개다.

　정경손은 임진왜란 당시 노복의 신분으로 목숨을 걸고 장수향교를 지킨 인물이며, 순의리 백씨는 숙종 4년 당시 현감 조정면을 모시다 현감이 말에서 떨어져 죽자 자신의 목숨을 버린 이름이 전해지지 않는 사람이다. 논개라 알려진 의암 주논개는 장수군 장계면 출신으로 임진왜란이 한창인 1593년 진주 촉성루에서 일본 왜장과 남강에 투신해 순절한 의인이다. 그가 뛰어내린 바위를 훗날 의암이라 부르고 장수군엔 논개 호를 딴 의암사가 있다. 넓은 부지에 여러 채의 건물을 지어 논개의 순절을 기리고 있는 곳이다. 여러 문을 통과하면 맨 마지막 논개 영정을 모신 사당이 있다. 당초 이 사당은 1955년 남산공원에 만들어졌으나 1074년 현재 이곳으로 이전했다.

장수군은 논개가 태어난 9월 3일을 군민의 날로 정하고 숭고한 애국정신을 기치는 추모대제를 지내고 있다.

의암사는 의암공원 내 위치해 있다. 이곳을 찾으면 맨 처음 드넓은 호수가 눈에 들어온다. 추운 날씨 탓인지 호수는 을씨년스럽기만 하다. 호수를 등진 채 걸음을 옮기면 의암사로 들어가는 입구가 보인다. 잘 정리된 잔디밭 가운데 난 길은 여느 곳과 풍경은 비슷하지만 마음만은 엄숙하다. 여인의 몸으로 나라를 위해 목숨을 기꺼이 바친 것을 생각하면 존경스럽기만 하다. 그래서 그런지 처음으로 만나는 문 이름이 '숭앙문'이다. 숭앙문을 통과힘 '촉석의기논개장향수비'가 위치해 있고 바로 앞엔 논개박물관이 있다. 하지만 관리가 잘 되지 않은 듯 실내는 몇 점의 유물을 제외하곤 텅 빈 상태다. 다시 발걸음을 재촉하면 맨 마지막 문 '충의문'이 나온다. 그리고 그 다음이 의암사다. 의암사 내부엔 논개 영정이 있다. 이 영정은 충남대 윤여환 교수의 작품으로 국가가 정한 논개표준영정이다.

논개사당에는 없지만 장수에 가면 반드시 봐야 할 곳이 있다. 주논개가 1588년 심었다고 전해지는 소나무 일명 '의암송'이다. 논개의 절개를 상징하는 이 나무는 장수군청 앞마당에 있으며 용틀임하듯 휘감은 두 줄기가 하늘을 향해 뻗은 모습은 마치 논개의 절개를 보여주고 있는 듯하다.

심곡사 길

1.
깊은 산 한 골을
온통 차지했다
그래 골짜기 곡
심곡사런가
좌우를
두리번거리며
더듬더듬
오른다

2.
정정렬 명창의
득음기념관도
간재 전우 선생
무덤도 이 골이라니
이 또한
심곡사 첫길의
전생연분
이런가

3.
이날 심곡사 길
방문한 것은
대웅전 앞
7층석탑 이야기
샅샅이
챙기고 싶은
욕심
이루지 못했네

4.
하긴 심곡사 골안의
먼날 이야기들
오늘에 누가
다 챙길 수 있겠는가
감돌아
몰랐던 산허리
감돌아
내리네

이름 그대로다. 익산 심곡사는 골짜기 깊은 곳에 숨겨져 있는 사찰이다. 요즘에야 길이 좋아졌으니 사찰 가까이까지 차량접근이 가능하지만, 예전엔 상황이 다르다. 험한 골짜기를 거슬러 올라가면 만날 수 있는 곳, 심곡사다.

최근 심곡사는 반가운 소식을 도민들에게 전했다. 지난 2012년 칠층석탑을 해체 수리하는 과정에서 나온 금동불감과 금동불 7점이 보물로 지정된 것이다. 이 보물들은 고려 말 중국 라마불교 양식을 수용해 제작된 것으로 추정되고 있으며, 불교 양식의 전래와 수용과정을 살필 수 있고 출토지가 분명한 점 그리고 불감과 불상이 온전하게 나온 점에서 그 가치를 인정받고 있다.

심곡사는 통일신라 문성왕 때 무염국사가 창건한 것으로 알려져 있다. 하지만 이를 뒷받침할 만한 유물이나 유적은 없는 상태다. 재미있는 것은 미륵산을 중심에 놓고 백제를 상징하는 미륵사와 반대방향에 위치한 점이다. 또 미륵사가 평야지대에 건립된 반면 심곡사는 산 속 깊은 곳에 있는 점도 눈여겨볼 만하다. 같은 미륵산 중턱에 있지만 사람들에게 잘 알려지지 않을 정도로 깊은 곳에 있다.

그래서일까. 다른 사찰에서 볼 수 없는 것이 하나 있다. 공연장이다. 대규모 공연장은 아니지만 해마다 이곳에서 산사음악회를 진행한다고 한다. 자세히 살펴보니 조선 5대 명창 중 한 사람인 정정렬 명창이 이곳에서 득음을 했다고 한다. 떡목이라는 치명적인 약점을 극복하고 명창의 반열에 오른 것을 기념하기 위해 조성된 공연장이다. 떡목이란 고음부 음역이 좋지 않아 자유로운 소리 표현이 안 되고 소리가 심하게 거친 목을 일컫는다. 소리꾼으로서는 치명적인 약점인 셈이다. 하지만 정정렬 명창은 이곳에서 이런 악조건을 이겨내고 소리의 극적인 면을 살려 냈는데, 이곳을 떡목 공연장이라 부르는 이유다.

사찰은 작은 규모다. 대웅전이 있고 그 안엔 목조삼존불좌상이 모셔져 있다. 이외에 탱화가 삼존상 뒷면에 있으며 외부엔 고려시대 조성한 것으로 알려진 칠층석탑을 만날 수 있다. 또 하나 눈에 띄는 공간이 있으니 이름 하여 '구달나'다. 구름에 달가듯이 가는 나그네를 줄인 이 공간은 사찰을 찾은 사람들에게 따뜻한 차 한 잔과 휴식을 주는 카페다. 이곳은 주문을 받고 계산을 하는 곳이 아니다. 이용자가 그저 성의껏 이용료를 내면 된다. 이것도 여의치 않으면 방명록에 이름 석 자 남기면 그만이다. 하지만 최근 찾은 이곳은 좀 더 좋은 공간으로 태어나기 위한 리모델링이 진행 중이다. 정갈한 창문 사이로 숲과 나무를 바라보며 차 한 잔을 즐기고 싶었지만 다음 기회로 미루며 발걸음을 돌렸다.

지시제 생태공원

1.
전주 시내라 해도
다 챙길 순 없는 일
서로가 먹고 살기
바쁜 세상 아닌가
한데도
지시제 얘기엔
오금이
쑤시더군

2.
맘 먹고 나선 걸음
뚝 위를 올라
못 안 내려 보자
말 그대로 혼탁일 뿐
앞일에
손써야 할 일 정작
태산이고
남겠네

3.
〈지시제 생태공원〉
우리 시의 뜻과 같은
연꽃 연대 연밥
네 절기도 자랑하고
사람들
미음 완보를
앞댕겨서
그려보네

4.
우리네 삶의 질은
무얼 두고 이름인가
어느 선 어느 끝
사람 따라 다르리만
우리들
순리를 다하여
먼 앞날도
즐기자구

    농업용수로 사용하던 저수지가 자연과 인간이 함께 숨 쉴 수 있는 공간으로 재창조됐다. 데크에서 생태식물을 관찰할 수 있는 자연학습장을 비롯해 소규모 문화행사를 개최할 수 있는 수변무대, 고향길 같은 산책로와 전통과 어우러진 휴식공간이 만들어졌다. 전주시 평화동에 있는 지시제다. 이 저수지는 도심 속 생태공원으로 주민들의 많은 사랑을 받는 곳이다. 우거진 신록 사이로 만들어진 그늘은 더운 여름 잠시 흐른 땀을 식혀준다. 규모면에서 덕진공원에 비해 크진 않지만 제철에 피어나는 연꽃도 이곳의 자랑거리다. 지시제 둘레로 만들어진 산책로는 지역 주민들의 건강 챙김이 일순위 역할을 하고 있으며, 수변무대에 앉아 있노라면 구슬진 노래 한 자락이 연상된다.

지시제 생태공원에 대한 기록을 살펴보니 이곳은 2002년 주택공사가 아파트단지를 조성하면서 폐저수지를 자연생태공원으로 만들었다. 약 8억원을 들여 농업용 저수지 지시제를 중심으로 주변 8,000평에 관목과 야생화 등 토종나무 48종 3만여본을 심었다. 그동안 지시제는 인근에 대규모 아파트가 만들어지면서 용도 폐기돼 인근 지역 오폐수 유입과 각종 쓰레기가 산더미처럼 쌓인 곳이었다. 볼썽사나운 곳이 친환경적인 저수지로 탈바꿈됐으니 이거야말로 환골탈태가 아닌가.

겨울에 찾은 이곳엔 뜻밖의 손님들이 찾아왔다. 이름 모를 철새들이다. 이곳에 머물다가 곧 떠날 요량이지만 도심에서 이들의 모습을 보니 반갑기 그지없다. 저수지 가운데는 외딴 섬이 있고 나무다리까지 놓여 있지만 아쉽게 출입금지다. 정수시설이 설치돼 있어 일반인들에게는 공개가 되지 않다.

이곳을 한 바퀴 걷다보면 절로 힐링이 되는 느낌이다. 최대한 원형을 살린 형태에서 개발이 진행돼 이 지역의 가치가 상승되는 느낌이다. 주위를 둘러싼 아파트 숲 속에 숨어있는 선물같은 공간인 셈이다. 또 고개를 잠시 올리면 저 멀리 모악산 자락까지 시야에 들어오니 이곳은 그야말로 도심 속 오아시스와 같다.

한글테마광장

1.
동서학동 앞길이
달라져도 이리 달라졌는가
전주교육대학교도
덩그마니 더 높아졌고
정문 앞
이리저리 치장도
천양지차
밝아졌네

2.
저 지난날 이 앞
지날 때면 으레
하늘 끝 날으는
황학이 떠올랐는데
학내의
어렷한 강단도
크넓다는
이야기다

3.
앞 사설 줄이고
본 사설 옮기자면
'한글테마광장'
첫대면의 광장이다
내 눈앞
큰 자랑 광장을
당달봉사로
몰라봤다니

4.
다시 되둘러보는
'한글테마광장'
우리 한글 역사도
세종대왕 큰 공적도
만방에
길이길이 떨쳐
온 세상
자랑이리

　전주교육대학교 입구가 변했다. 드높은 나무들로 **빽빽했던** 공간이 한글을 소재로 한 광장으로 변신했기 때문이다. 소나무숲에서 문화광장으로 옷을 갈아입은 이유가 재미있다. 지난 2012년 강력한 태풍이 대한민국을 덮쳤다. 라오스 고원 이름을 딴 볼라벤이다. 어찌나 강했던지 두터운 나무가 뿌리를 하늘로 드러내며 넘어졌고 창문이 깨진 아파트는 그 수를 세기 힘들 정도였다. 볼라벤이 지나간 자리는 그야말로 폭탄세례를 당한 그 자체였고 수많은 이재민이 발생하기도 했다.

　전주교대 앞에 조성된 숲도 볼라벤을 피해가지 못했다. 수십 년을 자랑하던 커다란 수

십 그루의 나무들이 모두 쓰러지며 황량한 벌판을 연출했다. 다시 나무를 심으려고 고민했던 학교측은 상황이 여의치 않자 광장 조성으로 선회했다. 때마침 광장 조성에 도움을 주겠다던 전주시 입장도 크게 고려됐다.

이런 사연으로 태어난 광장은 한글을 소재로 한 테마공원으로 조성됐다. 한글을 이용한 다양한 조형물들이 자리를 잡았고 바닥에는 훈민정음, 용비어천가, 열녀춘향수절가 등이 새겨져 있다. 또 자음을 만드는 방식과 천지인을 활용한 모음을 만드는 방식도 익힐 수 있다. 이뿐 만이 아니다. 바로 옆엔 조선 시대 만들어진 과학기구들이 자리를 잡고 있다. 최근 TV에서 조선의 과학자인 장영실을 주제로 한 드라마가 방영되고 있는데, 드라마에서 소개됐던 기구들을 직접 볼 수 있고, 이 기구들의 탄생과정을 알 수 있게 돼 큰 도움을 받을 수 있다. '천상열차분야지도', '일성정의시의' 같이 이름도 어렵고 직접 봐도 이해가 가지 않는 문외한이지만 이것을 만드는 데 얼마나 많은 공을 들였는지는 금방 느낄 수 있다. 하늘의 형체를 딴 그림과 가운데 위치한 은하수 그리고 수많은 별들, 해시계와 별시계 기능을 하나로 만든 지혜에 놀랍기만 하다.

한글테마광장을 한 바퀴 둘러보면 어린 학생들의 눈높이에 맞춰 조성된 곳으로 느껴질 수 있다. 하지만 한글의 역사와 과학기구를 부담 없이 접할 수 있다는 측면에서 아이들 뿐 아니라 어른들도 우리 역사를 다시 한 번 숙지할 수 있는 기회를 제공하고 있다.

인근 한옥마을 유명세에 비해 아직은 사람들이 찾지 않는 곳이지만 바로 옆 국립무형유산원까지 이어지는 한글테마거리는 우리의 한글을 알리고 한글의 우수성을 느낄 수 있는 소중한 공간이다.

자만벽화마을

자만벽화마을에서

1.
전주시 교동
오목대의 기슭이다
'자만벽화마을'
오늘의 담벽화들
이곳이
어디라고 옛날같으면
감히 상상이나
했겠는가

2.
먼 지날 날에야
'오목대' '이목대' 라면
조선왕조 윗대인
목조 익조 도조 환조
선대들
연줄로 얽힌
바로 그 터전이 아닌가

3.
오늘의 이 한 곳
'자만벽화마을'
엣 지난날 꿈으로
뉘 있어 말했다면
이 사람
허풍선이로
놀릴감 되고
남았으리

4.
'자만벽화마을'
오늘 들어 디터보니
서예가 여태명도
터줏대감 되어 있고
골목 안
그림 뿐 아냐
글씨도
그림담이데

전주엔 벽화 그림 하나로 유명해진 마을이 있다. 자만마을이다. 한옥마을 오목대 바로 옆 육교를 건너면 자만마을 진입로다. 이곳은 당초 태조 이성계의 조상이 살던 곳, 이목대다. 오목대와 이목대는 원래 연결돼 있었으니 일제 강점기 전라선 철도가 놓이면서 혈맥이 끊겼다. 이후 전주 유림들이 혈맥 잇기를 추진하면서 육교를 놓은 게 전부였다. 몇 년 전 전주시는 혈맥 잇기 사업 추진을 매우 적극적으로 검토하기도 했으나 현재는 지지부진한 상태다.

역사적으로 볼 때 자만마을은 태조 이성계의 4대조인 목조 이안사가 살던 곳이다. 이후 이안사는 삼척으로 이주했다 함경도 덕원으로 옮기게 된다. 자만마을 골목길에 눈에 띄지 않은 조그마한 비석이 있으니 이름하여 '자만동금표'다. 조선말기 고종은 자신의 왕조 선조들의 삶의 터전이었던 자만동을 보호하고 성역화하기 위해 금표를 세워 출입을 통제했다. 이 금표는 1900년경 세워진 것으로 추정되고 있다.

자만동에 사람들이 모여 살기 시작한 때는 한국전쟁 이후 갈 곳 없는 피난민들로 형성됐다. 이들은 이곳 승암산 자락에 군데군데 집을 짓기 시작했고 현재까지 전형적 달동네 모습을 유지해왔다. 아무도 거들떠보지 않던 곳이 유명 관광지로 탈바꿈하게 된 것은 2012년 전주시가 이곳에 벽화를 그리면서부터다. 인근 한옥마을이 유명하게 되자 바로 옆 자만마을에 낡은 담장을 보수하고 예쁜 벽화를 그린 것이다. 입소문이 퍼지면서 조용한 마을은 사람들로 북적거렸고, 낡은 동네는 화사한 그림과 함께 커피숍, 게스트하우스 등이 들어섰다.

좁은 골목길엔 하루가 멀다 하고 젊은 관광객들의 발길이 이어지고 있으며 예전 자만마을을 알고 있는 사람에겐 믿을 수 없을 정도로 변화됐다. 말 그대로 상전벽해다.

자만마을벽화는 젊은 사람들의 취향을 잘 반영한 듯하다. 무겁거나 진지하지 않고 화사하고 가볍다. 좁은 골목길에 곱게 단장한 여인의 얼굴이나 모자이크 벽화는 무의미한 곳에 활기를 불어넣는다.

'모든 것에서 탈출해 편안히 몸을 뉘어본다. 나의 몸과 마음에 찾아든 자유. 나는 용기와 희망 그리고 사랑의 꽃봉오리에 따스한 청춘을 불어 넣는다.'

이름 모를 그림의 작가가 적은 글이다. 한참을 바라보니 작가의 말이 이해가 되는 듯도 싶다. 좁디좁은 골목길에서 우연히 만난 그림에서 삶의 희망과 여유 그리고 용기를 찾았다고 하면 지나친 비약일까. 심심한 골목에 숨결을 불어넣듯 심심한 인생에 활기를 찾아보자. 자만벽화마을에서.

무성서원 탐방기

1.
봄나들이 나선 길
무성서원 가는 길은
성황산 산기슭 길
발걸음 따라 걷자
옛 생각
눈앞 생각에
볼거리도
새로워라

2.
신라말 고운 선생
태인태수 오서서
태인 일대 옛문화
크게 열렸거니
그 맥줄
오늘도 이어
이어 다함
없어라

3.
조선조 불우헌의
〈상춘곡〉 꽃이 벌어
이룩한 가사문학
가사문학 생각이자
오늘의
무성서원 탐방길에
또한 뜻이
어려 든다

4.
이래저래 오늘 하루
집에 들어 생각하니
길 돌아온 길마다
되생각해도 대견한 길
이 바로
길복이 아닌가
종아리를
문지른다

　정읍 칠보면 무성리에 있는 무성서원은 필암서원, 포충서원과 함께 전라도 3대 서원으로 꼽힌다. 대원군 서원 철폐령에도 굳건하게 자리를 지킨 무성서원은 최치원의 영정을 모시고 있다. 신라말 고운 최치원은 이곳 태산태수로 부임해 8년 동안 근무했다. 이후 주민들은 사당을 세워 최치원을 기렸고, 조선 성종 때 서원을 만들어 현재에 이른다. 서원은 고운 최치원을 비롯해 불우헌, 신잠, 정극인, 송세림, 정언충, 김약묵, 김관 등 칠현을 모시고 있는데 1986년 국가사적 제166호로 지정됐다.

　무성서원은 사당인 태산사와 강당, 동재, 현가루, 내삼문 등으로 구성돼 있고 주변엔 각종 비석과 비각이 세워져 있다. 서원을 한 바퀴 돌아보면 위세를 드러내기보단 소박한 형태다. 과거 선조들이 큰 소리를 내며 책을 읽었을 강당에 앉아 있노라면 유학을 중심으로 한 선비문화의 단면이 보이는 듯하다. 출입문 역할을 하는 현가루에는 거문고를 타며  노래를 그치지 않는다는 논어의 '현가불철(絃歌不輟)' 즉 어려움을 당하고 힘든 일이 있어도 학문을 계속한다는 의미를 찾을 수 있다.

서원의 여러 문을 통과한 뒤 맨 마지막 건물은 최치원 영정을 모신 태산사다. 고려말 훼손됐다 조선 성종 이후 여러 차례 중수를 거쳤다. 현재 남아있는 형태는 조선말 건물로 안에는 어진화가로 유명한 채용신의 모사작품인 영정이 모셔져 있다. 하지만 찾아간 날은 문이 닫혀 있어 영정을 보지 못한 아쉬움을 달래야 했다.

최근 무성서원이 사람들 관심을 받게 된 것은 문화재청이 유네스코에 세계유산등재를 신청하면서부터다. 문화재청은 무성서원을 포함해 영주 소수서원, 경주 옥산서원 등 9개 서원을 한데 묶어 '한국의 서원'이란 명칭으로 등재신청을 한 바 있다. 등재가 된다면 익산 미륵사지와 왕궁리 오층석탑 등과 함께 전북에 유네스코 세계문화유산이 늘어날 것으로 큰 기대를 할 수 있게 됐다. 하지만 최근 유네스코는 심사를 통해 문화유산으로서 독창성과 대표성 등의 문제를 제기하며 반려판정을 했다. 이에 따라 문화재청은 유네스코에 제출한 '한국의 서원'의 세계유산등재 신청을 철회키로 하면서 실망감을 안기기도 했다. 아쉬움을 달래며 발길을 돌리면 호남제일의 정자인 피향정을 만날 수 있다. 보물 제289호로 최치원이 태인현감을 재임할 때 세웠다고 전해지나 정확한 연대는 알려지지 않고 있다. 신라시대 건립됐으나 현재 모습은 1716년 다시 세운 것으로 약 300년의 역사를 가지고 있다.

입점리 고분전시관

1.
입점리 원이름은
갓점이었다 한다
갓을 만드는 곳에서
말미암은 것
지금은
웅포면 입점리
행정구역
소속이다

2.
입점리 고분이
사적 347호로
발굴이 시작된 것은
1986년의 일
저때에
들어난 부장품도
값진 보배
많았다 한다

3.
마련된 전시관의
눈요기만으로도
금동관모 금동신발
금동귀걸이 금동드리개
이루다
챙겨 보자 해도
눈이 부셔
다 못 모겠다

4.
하룻길 돌아오는
입에 올린 옛노래
'황천이 머다더니
북망산이 저기로다'
내 고향
선산의 어린시절
되짚어
생각이다

　대충 위치가 알고 나섰다면 큰 낭패를 볼 뻔 했다. 입점리 고분군은 익산 백제역사유
적지구 안에 위치하고 있지만 산 속 깊이 꼭꼭 숨어 있는 형태다. 내비게이션이 안내한
길을 따라 도착한 입점리 고분군은 단순하게 묘만 있을 거라 생각했는데 생각보다 볼거
리가 많다. 현재 사적 제347호로 지정된 고분군은 백제 중기인 서기 475년경에 만들어
진 것으로 추정되고 있다. 굴식돌방형 귀족 고분으로 당시 백제 시대 장례문화를 알아볼
수 있다. 굴식돌방형, 횡혈식 석실묘, 앞트기식 등 이해하기 어려운 용어를 사용하는 무
덤 양식은 고구려나 백제 등에서 일찍부터 사용됐던 형태로 통일신라시대나 가야 고분

에도 찾아볼 수 있다. 이곳에 있는 무덤군은 웅진과 사비시대 백제의 지배층 무덤으로 이 일대만 해도 21기가 발굴됐다. 조사는 1986년에 처음 진행됐는데 당시 이 지역에 살던 고등학생의 신고로 위치가 알려졌다고 한다. 그리고 1991년에 두 번째 조사가 진행된 바 있다.

출토유물도 빼놓을 수 없는데 금동제 모자를 비롯해 금동제 신발, 장신구류, 말재갈, 철제 발걸이, 청자항아리, 금동 귀걸이, 유리구슬 등이다.

특히 86-1호 무덤에서 나온 고깔 모양의 금동제 모자는 일본 구마모토현의 후나야마고분 출토품과 유사해 당시 백제와 일본간의 문화교류를 짐작할 수 있다. 또 중국 남조시대 청자항아리는 중국과의 교류사실도 알 수 있다. 또 98-1호분은 이 일대에서 가장 큰 구덩식 돌곽무덤으로 금동제 귀걸이와 목걸이, 팔찌, 토기 3점 등이 수습되기도 했다.

대부분 지배층의 무덤으로 이 지역 세력집단의 문화를 비롯해 익산지역의 백제문화를 이해하는 데 매우 중요한 유적이다.

이 지역 고분에서 발견된 유물들은 고분군 바로 앞 입점리고분전시관을 찾으면 확인할 수 있다. 지난 2004년 개관한 전시관은 입점리 1실, 2실, 사비시대 백제고분, 웅진시대 백제고분, 체험공간 등으로 구성돼 있다. 전시실엔 고분에서 출토된 유물 100여점이 전시가 돼 있고, 바로 뒤 야외에는 고인돌과 웅포리 고분에서 옮겨온 무덤들과 고분들을 만날 수 있다.

대승 한지마을

1.
이 넓은 골짜기를
온통 차지했네
-대승한지마을
소양면 신월리
어느 뉘
설계였던가
손차양해
둘러본다

2.
승지관 본관 들려
꾸밈새 살펴 보고
닥가마 건조장
종이 뜨고 말리는 곳
일꾼들
줄방까지도
요모조모
다 꾸렸네

3.
소양 신월리
넓은 한 골 독차지한
대승한지마을
앞날 더욱 자랑일터
아쉬움
이 한 가지는
이냥 떨칠 수
없어라

4.
푸념이라면
푸념일 수 있겠으나
지난날 유명했던
전라도 전주태지
저 미감
눈 앞에 그리며
돌아온 길
아쉬었네

　완주군 소양면에서 동상면으로 가는 길에 만날 수 있는 대승한지마을은 고려시대부터 전해내려 온 한지의 본고장이다. 4백여 년 전부터 뛰어난 수질의 맑은 물과 닥나무 재배로 전통한지를 생산한 마을은 현재도 원형을 그대로 간직하고 있는 마을이다.

　이곳은 과거 고려시대부터 한지생산지로 명성이 높았고 1980년대까지만 해도 전국 최고의 한지생산지로 그 명성을 자랑했던 곳이다. 마을 대다수 주민들이 한지생산과 판매로 생계를 유지했고 인근엔 10곳의 전통한지 생산 공장이 있었다. 현재는 한지공장 유적 9곳을 비롯해 한지생산기술자 10여 명이 거주하면서 한지의 명맥을 잇고 있다.

대승한지마을의 조성은 지난 2010년 행정안전부의 '살기좋은 지역만들기' 공모사업에 선정되면서 만들어졌다. 한지제조체험장과 야외닥가마, 줄방, 승지관 등으로 구성돼 있으며 전통한지 생산 전 과정을 직접 체험할 수 있는 대한민국 유일의 한지마을이다. 또

승지관에는 전통과 현대 한지 공예품이 전시돼 있고, 한지를 이용한 상품과 미래 콘텐츠를 구비하고 있어 많은 사람들의 관심을 받고 있다.

한지를 주 테마로 만들어진 이 마을은 과거 생산된 한지와 선조들의 일상생활에서 사용했던 한지공예품을 재현하고 있다. 전국에서 유일하게 남아 있는 한지마을은 조선 선조 이후 1990년까지 마을의 주된 소득원이 한지생산일 정도로 주민 모두 한지에 대한 깊은 애착을 가지고 있다.

또 이곳엔 과거 완주지역의 유통중심이었던 동양산업조합 건물도 만날 수 있다. 과거 완주, 고창 등 일곱 개 조합 중 가장 큰 규모를 자랑했던 동양산업조합은 한지와 곶감을 전국에 유통했던 중심이었다. 현 동양산업조합 건물은 완주군 소양문 황운리에 있었으나 대승한지마을로 옮겨 재현해 놨다. 동양산업조합의 이름은 동상면의 동과 소양면의 양 글자를 따서 만들어졌고 이 조합을 통해 완주군 지역이 전국 제일의 한지 생산지임을 알 수가 있다.

수수함과 우아한 멋, 오랜 세월이 지나도 바라지 않는 깊은 아름다움은 한지에서만 느낄 수 있다. 전통한지의 멋을 직접 느껴보며 한지의 정신을 계승하는 대승한지마을. 다가오는 한지축제를 맞아 특별한 감정을 안은 채 방문해보는 것도 좋을 듯싶다.

지시제 생태공원

1.
전주 시내라 해도
다 챙길 순 없는 일
서로가 먹고 살기
바쁜 세상 아닌가
한데도
지시제 얘기엔
오금이
쑤시더군

2.
맘 먹고 나선 걸음
뚝 위를 올라
못 안 내려 보자
말 그대로 혼탁일 뿐
앞일에
손써야 할 일 정작
태산이고
남겠네

3.

〈지시제 생태공원〉
우리 시의 뜻과 같은
연꽃 연대 연밥
네 절기도 자랑하고
사람들
미음 완보를
앞댕겨서
그려보네

4.

우리네 삶의 질은
무얼 두고 이름인가
어느 선 어느 끝
사람 따라 다르리만
우리들
순리를 다하여
먼 앞날도
즐기자구

농업용수로 사용하던 저수지가 자연과 인간이 함께 숨 쉴 수 있는 공간으로 재창조됐다. 데크에서 생태식물을 관찰할 수 있는 자연학습장을 비롯해 소규모 문화행사를 개최할 수 있는 수변무대, 고향길 같은 산책로와 전통과 어우러진 휴식공간이 만들어졌다. 전주시 평화동에 있는 지시제다. 이 저수지는 도심 속 생태공원으로 주민들의 많은 사랑을 받는 곳이다. 우거진 신록 사이로 만들어진 그늘은 더운 여름 잠시 흐른 땀을 식혀준다. 규모면에서 덕진공원에 비해 크진 않지만 제철에 피어나는 연꽃도 이곳의 자랑거리다. 지시제 둘레로 만들어진 산책로는 지역 주민들의 건강 챙김이 일순위 역할을 하고 있으며, 수변무대에 앉아 있노라면 구슬진 노래 한 자락이 연상된다.

지시제 생태공원에 대한 기록을 살펴보니 이곳은 2002년 주택공사가 아파트단지를 조성하면서 폐저수지를 자연생태공원으로 만들었다. 약 8억 원을 들여 농업용 저수지 지시제를 중심으로 주변 8,000평에 관목과 야생화 등 토종나무 48종 3만 여 본을 심었다. 그동안 지시제는 인근에 대규모 아파트가 만들어지면서 용도 폐기돼 인근 지역 오폐수 유입과 각종 쓰레기가 산더미처럼 쌓인 곳이었다. 볼썽사나운 곳이 친환경적인 저수지로 탈바꿈됐으니 이거야말로 환골탈태가 아닌가.

겨울에 찾은 이곳엔 뜻밖의 손님들이 찾아왔다. 이름 모를 철새들이다. 이곳에 머물다가 곧 떠날 요량이지만 도심에서 이들의 모습을 보니 반갑기 그지없다. 저수지 가운데는 외딴 섬이 있고 나무다리까지 놓여 있지만 아쉽게 출입금지다. 정수시설이 설치돼 있어 일반인들에게는 공개가 되지 않다.

이곳을 한 바퀴 걷다보면 절로 힐링이 되는 느낌이다. 최대한 원형을 살린 형태에서 개발이 진행돼 이 지역의 가치가 상승되는 느낌이다. 주위를 둘러싼 아파트 숲 속에 숨어있는 선물같은 공간인 셈이다. 또 고개를 잠시 올리면 저 멀리 모악산 자락까지 시야에 들어오니 이곳은 그야말로 도심 속 오아시스와 같다.

화산 탐승기

1.
완주 화산면에
높다라히 자리한
화산을 찾아
쉬엄쉬엄 오르자니
뻐꾹새
먼골 숲에서
뻐꾹뻐꾹
잇달아 울고

2.
길 양켠으로는
여기 담상 저기 담상
죽도화 철쭉꽃
소나무 단풍나무
전나무
향 짙은 푸른 잎도
콧등을
간지럽힌다

3.
화산 영마루 쯤
다 다다랐을까
웬 돌탑은 또
이저기 저리 많을까
산주의
세심한 공들임도
헤아려
볼만 하이

4.
귀로의 이 길복은
웬 횡재런가
'화산식당'의
살진 참붕어찜
시래기
가닥가닥 아울러
포식하고
말았어

   봄은 꽃의 계절이다. 두말 하면 잔소리일 정도로 이 곳 저 곳 꽃잔치다. 꽃구경으로 대표적인 곳이 몇 군데 있는데 이 중 진안 원연장마을이 꼽힌다. 이곳은 꽃보단 꽃잔디로 유명하다. 매년 이맘때면 마을 전체가 꽃잔디로 쌓여 있다. 울긋불긋 피어있는 꽃잔디를 보노라면 5만여 평의 대지와 산이 온통 보랏빛이다. 대조적인 파란 하늘이 이채롭게 느껴질 정도다.

   또 하나의 명소는 지리산 바래봉이다. 남원시 운봉읍에 위치한 바래봉은 해마다 5월이면 진분홍 철쭉이 장관을 이룬다. 전국 제일이 철쭉 군락지라 수많은 사람들이 찾는 곳이다. 철쭉의 분홍색과 관광객들의 알록달록 등산복이 절묘하게 조화를 이룬다.

오늘 소개할 곳은 완주군 화산면에 있는 꽃동산이다. 이곳의 장점은 한가롭다 못해 조용하다. 수많은 철쭉이 산을 뒤덮고 있지만 알려지지 않은 탓에 찾는 사람들은 많지 않다. 찾아가는 길도 쉽지 않다. 근사한 푯말 하나 없고 입구 역시 자세히 보지 못하면 지나치기 일쑤다.

이곳은 10만 여 평의 동산에 개인이 사비를 털어 30년 전부터 조성된 곳이다. 전주의 한 재력가가 만든 것으로 알려진 이곳은 5월이면 온 동산이 말 그대로 꽃동산이 된다. 찾는 사람이 많지 않으니 호젓하게 여유를 부리면서 꽃구경을 하기엔 이곳만큼 적격인 곳이 없다.

동산을 둘러보면 마이산 돌탑과 비슷한 탑들도 만날 수 있다. 사람을 사 10년 전부터 직접 쌓았다는 돌탑은 어떤 의미를 가졌는지 알 수는 없으나 이색적 풍경임은 두말할 나위 없다.

이곳을 관리하는 사람에 의하면 누구에게나 개방된다고 한다. 단 꽃나무를 꺾지 않는 조건에서다. 이곳 주인이 취미 삼아 조성한 지 30여 년이 됐고, 오히려 꽃나무가 어렸을 때 현재보다 훨씬 예뻤다고 한다. 지금은 나무가 훌쩍 커 버린 나머지 꽃도 예전보다 못하다는 것이다.

한 때 완주군은 이곳을 명소화 하는 작업을 시도했다. 예산을 투입해 현재보다 규모도 키우고 보다 많은 관광객들이 찾게끔 하자는 것이었다. 하지만 주인은 이를 거절했다. 애초 관광을 위해 조성을 한 것도 아니고, 유명장소로 인식되는 것도 내키지 않는다는 것이다.

꽃동산을 둘러보면 주인이 손길을 여기저기서 쉽게 느낄 수 있다. 동산 중간엔 휴식처인 정자도 만들어져 있고 꽃을 가깝게 볼 수 있는 데크가 군데군데 설치돼 있다. 꽤 많은 정성과 돈이 들어갔으리라 쉽게 짐작할 수 있지만, 현재 모습의 유지와 유명지로 탈바꿈이란 문제에서 어떤 것이 정답인 지 쉽게 답을 내리지 못한 채 발길을 돌렸다.

송광사 돌고 돌아오는 길에

1.
석가탄일을
보름 앞두었는가
송광리 북쪽
송광사를 찾았다
제등 일
한창이어서
활력들도
넘쳤다

2.
사방 푸르름 속
문득 떠오르는 옛 노래
오다 오다 오다
공덕 닦으러 오다
〈풍요〉의
옛 가락이여
눈 삼삼
오늘이여

3.
송광사 뒤로 하여
앞쪽 지형 그려보면
삿갓봉 만덕산
두리봉 둘러 있고
소양천
한 중간 흘러
흘러 흘러
펑퍼져 있다

4.
때를 챙겨
소양초등학교 바로 옆
'흥부곰탕집'
주인 권하는
추어탕
한 그릇 부시자
꿀맛이고
남았다

완주군 소양사 입구의 벚꽃구경은 두 말할 나위 없이 전국 최고다. 벚꽃이 피는 4월이면 자연이 주는 아름다운 광경에 넋을 빼앗기곤 했다. 하지만 언제부터인지 일부러 이곳을 찾지 않았다. 밀려드는 인파로 벚꽃 구경은 고사하고 먼지만 고스란히 마셨던 기억 때문이다. 벚꽃구경을 온 것인지 사람 구경을 온 것인지 구별이 가지 않을 정도였다. 그러다보니 자연스레 송광사도 멀어졌다. 어린 시절 송광사 옆 흐르는 개천에서 멱을 감을 때도 있었다. 절 마당에서 뛰놀다 시끄럽다며 스님에게 쫓겨 난 기억도 있다.

간만에 송광사로 발길을 옮겼다. 송광사를 찾은 이날은 때마침 석가탄신일을 몇일 앞둔 때였다. 첫 눈에 들어오는 게 3층 높이의 등불탑이다. 입구에서부터 시작된 등불탑은 사찰 중앙으로 들어갈수록 늘어난다. 철없던 시절 봤던 송광사가 아니다.

송광사는 신라 경문왕 7년인 867년에 보조제정 선사가 창건했다. 선종의 대표적 사찰로 원래 이름은 백련사였다. 고려시대 보조국사 지눌 스님이 사찰명을 송광사로 변경했고 현재까지 이어지고 있다. 당초 처음 만들어졌을 때엔 그 규모가 커 일주문이 3km나 떨어진 전주~진안간 도로변에 있었다고 한다. 하지만 임진왜란 때 폐허가 되는 시련을 겪기도 했다. 송광사는 석가화현이라고 불리는 진문 선사가 오래 거처하면서 많은 이적을 보인 곳이 있으며, 국가위기 때나 기도 감응시에는 대우전, 나한전, 지장전 불상이 땀을 흘리는 것으로 알려지고 있다. 또 좌불상으로는 국내에서 제일 큰 삼세불(석가여래, 아미타여래, 약사여래)과 대웅전, 국내 유일의 아자형 종각, 영산전, 사천왕전 등 많은 문화재가 있는 신라 천년의 고찰이다.

'입차문래자 막존지해(入此門來者 莫存知解)'

일주문에 걸려 있는 문구다. 일주문에 들어오는 사람은 세속적인 생각, 분별하는 생각을 버리고 오직 한마음으로 진리를 생각해 불법에 귀의해야 한다는 뜻이다. 비록 불자가 아니어도, 반드시 불법에 귀의해야 하지 않아도 곰씹어 되새길 내용이다. 자동차로 5분이면 세속과 맞닿을 거리지만 잠시나마 종각 앞에 앉아 있노라면 복잡한 머리가 정리되는 듯한 느낌이다. 해설사의 설명을 들으며 사찰 이 곳 저 곳을 다니다보면 마치 속세를 떠난 지 수십 년이 된 듯하다. 욕심, 복잡, 집착. 무엇이 사람들을 악하게 만들고 갈등하며 서로 물고 무는 지 잠시나마의 깨달음에 미소가 생긴다. 언제 그랬냐며 속세로 돌아오는 길에 잊어버리는 찰나의 깨달음이지만 이마저도 없다면 팍팍한 삶이 되겠다는 생각도 든다.

전라감영 옛터에서

1.
감영 옛터 찾아
여기저기 살피다가
이 자리가 바로
선화당 일터였다면
반공을
울려 퍼지는 소리
헤아려 봄직
하이

2.
사또의 한 호령에
육방 관속 웅대 소리
객사 손님 맞이
수청 기생 요령까지
틈 없이
다 잘 챙겼느냐
이 또한 단속인가

188

3.
오전에 할 일이며
오후에 챙길 일을
이방이 모두어
낱낱 고할 때까지
흥흥흥
건성 칠 사또
그런 사또
있을까

4.
옛 전라감영은
탐라까지 관장하여
두루두루 살피고
두루 베푸는 일
사또들
일이었거니
가렴주구란
벼락칠 소리

　전라감영 복원 공사가 한창이다. 기세당당했던 구 전북도청은 간데없고 빈 땅만 새로운 주인을 기다리고 있다. 전라감영 복원은 수많은 논쟁을 겪은 끝에 올해 첫 삽 뜨기에 들어갔다. 구 도청사 철거에 대한 미련은 아직도 사람들 마음속에 남아 있는 상태다. 하지만 구 도청사 보존과 전라감영 복원 두 가지 문제 중 전주시와 시민들은 감영복원에 무게 중심을 뒀다.

　결국 올해 초 구 도청사는 역사 속으로 사라졌고, 이제는 새로운 역사를 새길 감영복원이 진행 중이다.

　도청사가 철거된 감영터를 찾았다. 기세등등하게 자리 잡았던 건물들은 온데 간데 없고 흩날리는 먼지만이 방문자를 맞는다. 한참을 서서 생각에 잠겼다. 앞으로 2년 내지 3년 후엔 새로운 건물이 이곳을 차지할 게다. 복원이든 재현이든 옛 조선, 전라도를 호령했던 감영 건물이 새로운 시대를 위해 함께할 예정이다. 감영복원에 사용할 몇 몇 돌조각들이 한 켠을 차지하고 있고, 입구 저 멀리 한 그루 나무만이 이곳을 지키고 있다. 구도청사가 있을 때도 지금 자리를 고수했던 혜화나무다. 약 150여 년의 수령을 가진 이 나무는 한 때 구도청사 건물 사이에 갇힌 채 홀로 자리를 지켜왔다. 감영이 있었던 시절, 선화당을 배경으로 그 위용을 자랑했건만 벽에 갇힌 채 모진 세월을 견뎌왔던 것이다. 감영이 들어서면 가장 큰 수혜를 받을 것으로 여겨진다. 감영에 관한 어떤 자료도 남아 있지 않은 상황에서 유일하게 이 나무만이 당시 역사를 품고 있다. 하지만 찬란했던 감영의 역사를 품고 있는 것은 분명하다. 호령하는 관찰사와 분주하게 움직이는 각 관리들, 완판본과 전주부채가 만들어지는 모든 과정을 묵묵하게 지켜봤을 게다. 오랜 세월 동안 자리를 지키며 그 기나긴 역사를 품은 혜화나무를 통해 복원될 감영의 모습을 엿본다면 결코 과장된 비유는 아니다. 시간을 거슬러 번성했을 감영에서 선조들의 온기를 느끼고 또 후손들에게 물려줄 문화와 역사도 미리 느낄 수 있다.

　감영은 단순한 복원이 아니다. 한옥마을에서 풍남문, 전라감영 그리고 풍패지관과 영화의거리까지 하나의 큰 축이 될 예정이다. 단순 건물 복원이 아닌 문화와 역사가 살아 숨 쉬는 방향이다. 박제된 그리고 복원을 위한 복원에서 벗어나 시민과 함께하는 복원으로 나아가야 한다. 후손들에게 남겨줄 문화와 역사가 이곳에서 새롭게 태어나고 있는 것이다.

임피역 방문기

1.
전주 군산 간
임피역 찾은 것은
철길에 얽힌
옛 추억 뿐 아니라
오늘의
국가등록 문화재
그 명가도
우러르고 싶었다

2.
열차 두 칸에
박물관을 챙겼구나
춘하추동 변이도
창문으로 뿐 아냐
세상도
덜커덩덜커덩
수유만
같아라

3.
일본 제국주의
수탈의 잔학상은
철길 깔아 놓고
무법천지였거니
옥구군
농민들 항일사는
피눈물의
통사였지

4.
임피역에서
물러나 돌아오는 길
점심은 찍어야지
'만나식당'에 들었다
6천원
흰밥 한 상에
제육볶음
맛이라니

　일제 강점기 임피역은 임피 서수 지역에서 운반된 미곡을 군산항으로 반출하기 위한 수탈의 거점이었다. 힘들게 수확한 쌀을 빼앗긴 농민들은 깻묵과 나무껍질로 허기진 배를 달랬고, 역사 앞 미곡창고에는 노동자들이 배고픔을 참고 쌀가마니를 실어 날랐다. 또 임피역은 태평양 전쟁에 끌려갔던 젊은이들과 해방 후 돌아오지 못한 아들딸들을 애타게 기다리던 부모들의 눈물이 서려있다.

　광복 후 임피역은 지역주민의 품으로 돌아왔다. 6.25전쟁 후 군산의 경공업이 발전하면서 많은 농촌 청년들이 공장에 취직했다. 통근열차를 타고 출퇴근을 했으며, 생선장수들은 새벽열차를 타고 군산항에 나가 생선과 젓갈을 구입했다. 학생들 역시 임피역에서

통학열차를 타고 군산, 익산, 전주 지역 학교를 다녔다.

이후 버스 등 다른 교통수단이 생기고 임피역이 영업을 중단하면서 이런 풍경을 없어졌지만 임피역은 삶의 애환과 추억들이 고스란히 담겨 있다.

이후 세월이 흘러감에 따라 통근열차는 비둘기호, 통일호로 이름을 바꿔가며 승객을 실어 날랐다. 하지만 점점 그 수요는 줄어들고 2007년 12월 31일을 마지막으로 통근열차는 운행을 하지 않았고 새마을호와 무궁화호가 운행하게 됐다. 하지만 2008년 5월 서천~익산 간 새마을호 운행마저 중지되면서 임피역은 더 이상 기차가 서지 않게 됐다. 1912년 처음 문을 열었으니 96년 동안 함께 한 것이다.

등록문화재 208호로 지정된 임피역은 간간히 관광객들만 찾는 곳이 됐다. 큰 길에서 멀리 떨어져 있어 큰 맘 먹지 않으면 찾기 어렵다. 한때는 홀로 외롭게 자리를 지키고 있었지만 몇 년 전 TV 프로그램에서 예능인들이 이곳을 찾으면서 입소문이 퍼졌다. 이 때문인지 군산에서는 임피역을 새롭게 단장하고, 전시관 형태의 열차까지 배치했다. 넓지 않은 공간이라 한 바퀴 돌아보는 데 짧은 시간 안에 가능하다. 수탈의 현장의 중심에 섰던 곳, 시민들의 사랑을 받았던 역으로서의 기억들이 파노라마처럼 스쳐간다. 이제는 모든 것을 내려놓고 담담하게 자리를 지키고 있는 임피역. 고달픈 임무를 다하고 휴식기에 들어선 임피역은 새로운 모습으로 우리에게 다가오고 있다.

천호가톨릭성물박물관

1.
여산 원수리
가람 고택을 축으로
용화산 천호산의
앞 뒤를 헤아리면
해 지고
새달도 오르는
정겨움에
젖거늘

2.
오늘 새길 찾아
천호산 더터 오르자
'천호카톨릭
성물박물관'
크넓고
덩두렷하게
진좌하고
있음이여

3.
여기 또 저기
위도 보고 옆도 보며
녹음철 하얀빛의
산딸나무 꽃도 보고
보고 또
듣고 배우면서
경건한
이 하루

4.
때 지나 찾아 든
순례자 레스토랑은
식단도 조촐한
뷔페식 먹거리도
이날의
개운한 홍결을
돋우고도
남았어

완주군 비봉면 굽이굽이 가다보면 인적이 끊긴 듯한 느낌이다. 길을 잘못 들었나 싶더니 주차장이 나온다. 천호성지 방문객을 위한 곳이다. 대형버스 7대가 주차된 것을 보니 이른 아침부터 많은 방문객들이 서둘렀나 싶다.

천호성지로 올라가는 좁은 길이 나온다. 승용차 길이 따로 있지만 걷기로 했다. 그래야 할 것 같아서다. 완만한 길을 걷다보니 먼저 커다란 예수상이 방문자를 맞는다. 고개를 약간 숙이고 양팔을 벌린 모습은 아무 조건 없이 모든 것을 포용하겠다는 의미다.

천호(天呼)는 '하느님의 이름을 부르면 산다'는 뜻을 가진다. 이와 별도로 이 마을을

둘러싼 천호산(天壺山) 역시 '순교자들의 피를 가득 머금은 병 모양의 산골'이란 의미로 불리기도 한다. 순교자들의 시신이 이곳에 묻히고 그 후 손들의 삶의 터전이 된 이유인 듯싶다. 이곳에 천주교 신자들이 거처한 것은 1839년 기해박해를 전후한 시점이다. 충청도 지역 신자들이 박해를 피해 이곳으로 이주했고, 정착을 하면서 마을이 형성됐다. 1906년 고산본당에 부임한 베르몽 신부가 신자들과 협력해 약 45만 평 천호일대 산지를 매입하면서 현재 모습의 기틀을 닦았다. 1939년엔 전주 숲정이에서 참수형을 당한 손선지 등 6위의 순교비 제막식이 거행됐고, 이후 천호 일대 순교자 묘소를 새롭게 찾게 되면서 성지로서의 면모를 갖추게 됐다.

박해시대 신앙선조들의 삶과 죽음이 깃든 이곳은 이들의 무덤과 집터, 교회사연구소, 피정의 집 등이 들어서면서 호남지방 교회사연구의 중심지가 되고 있다.

이를 증명이나 하듯 좁은 길로 오르면 천호가톨릭 성물박물관을 만날 수 있다. 이곳엔 세계 각국에서 수집된 다양한 가톨릭 성물 600여 점이 전시돼 있고, 천주교 신앙의 발달과정이나 전달과정의 역사 등과 관련된 자료들을 만날 수 있다.

때마침 찾은 부활성당 건물엔 미사가 한창 진행 중이다. 성지를 찾은 신자들로 본당 내부는 발 디딤 틈이 없을 정도다. 주차장의 대형버스 주인공인 듯싶다. 미사를 마친 신자들은 바로 옆 식당을 이용한다. 청결한 식당 내부에서 먹는 밥 한 끼는 비록 가톨릭 신자가 아니더라도 신의 은총을 받는 느낌이 들 정도다. 순례 차원에서 방문은 아니지만 아름다운 초록이 우거지고 도심 속에서 느낄 수 없던 편안함을 가슴 한 가득 느낄 수 있다.

신전라박물지 63　　익산 쌍릉

익산 쌍릉 설화

1.
사적 87호
백제 무왕의 능
무왕의 아잇적 이름은
마동이었다
신라의
서울로 숨어 들어
한 동요를
퍼뜨렸다

2.
신라 향가의 하나
〈서동요〉가 그것이다
'선화공주님은
남몰기 얼어두고
밤을란
마동을 안고
궁으로
간다'

3.
지금도 생생하다
나의 재학시절
스승 가람께서는
〈서동요와 설화〉의
한 자리
이야기를 펼쳐
많은 학생들을
웃기셨다

4.
오늘의 쌍릉 에워싼
송추가 아름답다
공사 중인 관리사무소
앞을 지나다
돌아선
이 하룻길의
이마 땀을
훔친다

익산쌍릉은 대왕릉과 소왕릉으로 구분된다. 백제 무왕과 선화공주의 능으로 추정되며 남향으로 향해 했다. 1917년 발굴 조사 결과에 의하면 원형의 묘를 지키는 바위 흔적이 있으며, 내부에는 석실이 마련돼 있다. 하지만 일제 강점기 때 이미 도굴된 터라 주요 유물은 사라져버린 상태다. 대왕릉은 화강암 판석을 다듬어 세웠고 둥근 뚜껑을 덮은 목관이 있다.

소왕릉은 대왕릉과 비슷한 시대 조성된 것으로 보이며, 발굴조사 이전에 도굴당했으나 부패된 목관과 토기 등이 수습돼 현지 국립전주박물관에 보관돼 있다. 출토유물과 규모 및 형식이 부여 능산리 고분과 비슷해 백제 말기 형식으로 추정되고 있다.

1998년 사적 제408호로 지정됐고, 인접한 미륵사지와 함께 최대 규모의 백제 유적으로 꼽히고 있다. 특히 백제의 왕도였다는 왕도설 등은 아직도 수수께끼로 남아 있다.

하지만 쌍릉의 주인에 대한 이야기는 다양하다. 삼국유사나 고려사를 보면 고려시대나 조선시대 초 마한의 왕릉으로 인식돼 왔다. 하지만 1917년 발굴 조사후 백제말기 왕족의 묘로 추정했고, 광복이후 백제 30대 무왕과 그 부인의 무덤일 가능성에 높은 것으로 학계에서는 정리가 됐고 거의 정설화되었다.

최근엔 쌍릉 출토 고고자료 정리와 비교 분석을 한 결과 소왕묘가 먼저 축조됐고 대왕묘는 624년에서 639년 사이 만들어 진 것이란 의견도 제시됐다. 이럴 경우 쌍릉은 무왕이 생존했던 시점에 조성된 것으로 무왕 부부의 묘로 인정할 수 없게 된다.

구체적인 연구가 더 진행돼야 쌍릉의 주인공이 확실하게 밝혀지겠지만 문제는 현 관리상태다.

대왕릉과 소왕릉은 약 100m 정도 떨어져 있으며 이 고분을 중심으로 시민들의 휴식처가 조성돼 있다. 하지만 관리가 제대로 되지 않은 듯 잡초와 쓰레기 등이 눈살을 찌푸리게 하고 있다. 관리사무소도 이제 막 보수를 하는 지 공사가 진행 중이며 내부는 사용하다 만 집기들이 두서없이 쌓여있는 형편이다.

인근에 둘레길도 조성돼 있고 시민휴식공간도 더 늘릴 요량이지만 아직은 갈 길이 멀다는 생각이 든다. 찬란한 우리 선조들의 문화유산에 대한 진지한 고민이 더 필요해 보인다.

초록바위 애사

1.
세상 천지 산과 내
한 큰 바위서리에도
애달픈 이야기를
전해 오는 역사를
오늘은
초록바위에서
감감 되짚어
그리네

2.
흥선대원군 저 시대의
천주교 박해 이야기
교인들 잡아내어
여기저기 닦달인데
신자들
위 아래 없는
태연 자약
이었다네

3.
지방수령들의
호령 아닌 설득도
천주님 배신은
있을 수 없는 일이라며
모두들
눈 감고 입 닫고
귀를 막는
뚝심들

4.
나 어린 소년의
순교 이야기도 전한다
관원은 소년의 목을
차마 매달 수 없다고
아 여기
초록바위 아래로
떠밀어 버렸다는
이야기

수백 번은 지나갔을 자리. 그럼에도 깊은 의미가 있는 장소였다는 것을 최근에야 알았다. 우연히 눈에 들어온 입간판. 아이들 대상으로 한 일개 만화 그림인 줄 알았는데 천주교 순교터였을 줄 상상이나 했었던가.

한옥마을에서 전주교대로 넘어가는 곳에 있는 매곡교. 다리 바로 옆을 초록바위라 칭하고 있다. 기록에 의하면 초록바위는 깎아지는 절벽으로 그 산세가 '갈마음수격(渴馬飮水格)' 즉 말이 풀밭을 찾는다는 의미로 초록바위로 명명됐다. 초록바위는 조선시대부터 3대 바람통이라 불렸는데, 그 이유는 조선 참형자들을 효수했던 나무들이 바위 틈새에 몇 그루 있었는데 지나는 사람의 등골이 오싹했기 때문이라 한다. 이야기는 지금 들어도 애잔한 내용을 담고 있다.

1867년 가을, 천주교 신자인 15세 두 소년, 남명희와 이름이 전해지지 않는 홍봉주의 아들이 이곳에서 처형된 순교터이다. 홍선대원군은 집권하여 쇄국정치를 폈는데 천주교 신자들이 프랑스 세력과 내통한다 하여 우리나라 역사상 가장 큰 규모의 종교박해인 병인박해를 일으켜 신도 만여 명이 처형됐다. 홍선대원군은 승지(承旨) 남종삼(요한) 성인과 진사(進士) 홍봉주(토마스)를 천주교 괴수로 꼽아 1866년 3월 7일 서울 서소문 밖에서 목을 베어 죽였다. 또한 나라 법대로 남종삼과 홍봉주의 가족을 처벌하였는데, 돈령부동지사(敦寧府同知事)를 지낸 남종삼의 아버지 남상교(아우스구스티노)는 그 해 4월 17일 공주옥에서 순교하고, 14세 된 남명희(명숙)와 홍봉주의 아들은 처형할 수 있는 법적 나이인 15세가 될 때까지 전주옥에 갇혔다. 전라감사는 남명희를 살려주고자 배교하라고 타일렀으나 "믿음의 근본은 오로지 뜻을 정성스럽게 하는데 있습니다. 천주님은 천지의 대군대부(大君大父)이신데 어찌 배교할 수 있습니까?" 하고 대답했다. 전라감사는 남명희와 홍봉주의 아들이 나이가 차자 1867년 가을 쯤 차마 목을 베어 죽일 수 없어 초록바위에서 전주천 물속으로 떠밀어 죽였다. 순교자 홍(洪) 소년은 1801년 서울에서 순교한 진사 홍낙민(루가), 1839년 전주에서 순교한 홍재영 아버지 홍봉주에 이어 4대째 순교자였고, 남명희의 가문은 3대가 순교한 것으로 전해진다.

하지만 이곳은 끔찍한 행벌만 진행된 것은 아니다. 정월 대보름날 저녁이면 초록바위 위쪽에서는 달맞이 행사가 벌어지곤 했다. 과년한 처녀들이 보름달을 향해 절을 하면 달의 기운이 몸속으로 들어온다는 이야기도 전해진다. 또한 초록바위 밑은 전주부성 내 서민들의 삶의 일부였다. 전주천에 제방을 쌓은 뒤로 이곳을 방천리가 불렀는데, 이곳에서 나뭇짐을 사고팔아 나무전거리란 이름도 생겨났다.

후백제 견훤왕릉

1.
이번 길은 도계를
벗어 났다
충남 논산의
견훤묘를 찾기 위함이었다
견훤은
전주를 사랑한
후백제의
왕 아닌가

2.
원래 경상도
상주 사람으로
전라도에 들어
웅지를 풀자
하늘의
뭇 별들도 솟아
짝짜꿍일
쳤거늘

3.
큰 아들 신검에게
제 자리 잃고
고려 왕건에게
삶을 빌붙어 아아
황산 땅
등창 앓다가
제 분에 제가
지고 말다니

4.
아 후백제 꼭
36년 만인가
흥망성쇠를 그래
추초와도 같다는가
열쇠는
중창을 거듭하는
바로 그길
아닐런가

"내가 죽거든 전주가 가장 잘 보이는 곳에 묻어 달라."

한 때 호남지방을 호령했던 견훤의 마지막 유언으로 전한다. 현재 충남 논산시 연무읍 작은 동산에 위치한 견훤 왕릉은 충남 기념물 제26호로 지정돼 있다.

견훤은 경상도 상주 가은현(현재 문경시 가은읍) 사람으로 알려져 있다. 신라 때 장수 생활을 하다 서기 900년 완산(현재 전주)에 도읍을 정하고 후백제를 세웠다. 한 때 후삼 국 중 가장 큰 세력으로 성장하기도 했고, 신라를 침공해 왕을 잡기도 했다. 하지만 왕위 계승을 둘러싸고 큰 아들 신검과 내분이 일게 됐고, 금산사에 갇히다 왕건에 투항했다.

결국 서기 936년 후백제는 고려에 멸망하게 되는데, 삼국사기에 의하면 견훤은 죽음을 앞두고 '걱정이 심하여 등창이 나 수 일후에 황산불사에서 죽었다'고 기록돼 있다. 견훤은 임종시 유언으로 완산이 그립다하여 이곳에 무덤을 썼다고 하는데, 작은 동산에 올라 시선을 올리니 멀리 호남지방이 보인다. 맑은 날에는 전주 모악산이 보이기도 한다. 무덤은 약 직경 10m, 높이 5m 규모인데, 1970년에 견씨 문중에서 '후백제왕 견훤릉'이란 비석을 세웠다.

묘는 왕릉이라 부르기 민망할 정도로 작다. 한 때 권력의 중심에 섰지만 결국 권력을 잃어버린 자의 결과물이란 생각이 든다. 나라를 잃고 자식에게 배반당하고 화려했던 권력이 사라져버린 그로선 갑갑한 마음이 온 몸에 가득 차 있을 법 했다. 오직하면 죽을 때 분이 사라지지 못해 등창이 날 정도였을까. 비운의 역사 속에서 마지막 가는 길은 얼마나 아팠을까 상상이 된다.

자신에 세웠던 나라 하지만 후손들에게 물려주지 못한 안타까움. 전주로 향한 견훤의 심정이 이곳에서 편안하게 쉬길 바라는 마음이다. 찾는 관광객 없이 쓸쓸한 그리고 기구한 인생처럼 휑한 묘지를 뒤로 하고 내려오는 길은 허전하기 짝이 없다. 전주로 돌아오는 길에 견훤의 마음까지 챙기고 싶은 심정이 든다. 왕릉을 지키고 있는 오래된 백일홍의 붉고 부드러움이 더욱 마음을 그렇게 만든다.

개암사 길 낙수

1.
개암사 길은
소쇄함이 앞선다
짙은 숲 향기며
산까치 소리며
길 한켠
개울물 졸졸졸
청렬한
소리며

2.
발뒤꿈치 반반히
싸목싸목 걷자면
제 나일 감고
휘청거릴 일도 없다
개암사
걷는 길도 마냥
홍결 홍결
홍결이어라

3.
대웅전 바라서서
두손 모아 절하자
용머리 여의주
저 형형한 눈빛
이 속된
내 마음 꿰뚫어
훤하게
살피네

4.
개암사 또 이름난
비전의 개암염은
썩어가는 속세를
소금으로 일깨운 뜻
그 참뜻
개암염 혀에 굴려
입맛 새로
당겨보네

개암사는 부안 변산의 아름다운 절 중 하나다. 개암은 삼한 시대 변한의 무왕이 이곳에 전각을 짓고 동쪽을 묘암, 서쪽은 개암이라 한데서 비롯된다. 여기에 백제 무왕 때 묘련대사가 궁전에 절을 지으며 개암사라 이름을 붙였다. 통일신라시대 원효대사와 의상대사가 중수했고 고려시대에는 건물이 30여 채가 될 정도로 큰 규모를 자랑했다. 하지만 현재는 소박한 사찰의 모습을 유지하고 있다. 임진왜란을 거치면서 폐허가 됐고 현존하는 건물은 대웅보전뿐인 것으로 알려지고 있다.

개암사는 영산회괘불탱이 유명하다. 승려화가 의겸이 조선 영조 때 석가모니의 모습

을 그린 것으로 보물 제1269호로 지정돼 있다. 보물답게 평소엔 공개가 되지 않고 있으며 사진만 접하는 것으로 만족해야 한다.

개암사에서 가장 눈에 띄는 것은 우금바위다. 대웅보전 뒤로 우뚝 선 우금바위는 한마디로 장관이다. 이 바위는 나당연합군의 공격을 끝까지 맞선 백제군의 지휘본부가 있던 곳이다. 당시 백제군은 우금바위를 중심으로 뻗은 우금산성에서 항전을 했다고 전해진다. 지금도 개암사 뒤편에는 백제 부흥운동의 중심이었던 성벽이 좌우로 펼쳐져 있다.

개암사 주차장엔 이른 아침부터 상춘객들로 북적인다. 배낭에 신발까지 완전무장한 채 떼를 지어 이동한다. 개암사를 뒤로 한 채 이들을 따라 3시간 정도 산을 오르면 거대한 우금바위를 만날 수 있다. 여기엔 3개의 굴이 있는데 백제 부흥에 나섰던 복신 장군이 전쟁을 지휘한 지휘소라 해 복신굴이라 부른다. 또 원효대사가 이곳에서 수행을 했다고 해서 원효방이라 일컫는다. 이곳에선 개암사가 한 눈에 내려다보인다. 여기서부터 변산이 열린다 하여 부안군 8경 중 하나다.

그로 그럴 것이 한 눈에 변산반도가 들어온다. 멀리 서해바다를 비롯해 한쪽에 내륙 깊은 곳도 보인다. 기울어가는 나라를 위해 싸웠던 백제 복신 장군은 마음은 어땠을까. 또 같은 장소에서 수행을 했던 원효대사는 무엇을 깨달았을까. 내려오는 발길이 무겁다.

전주 거북바위 얘기

1.
전주 거북바위는
북쪽을 눌러 앉아
먼먼 태곳적부터
이날에 이르렀다
한마음
그저 한마음
외골 심지
아니런가

2.
거북은 예로부터
십장생이었거니
서로들 수를 빌어
귀령학수 일러왔지
돌비석
받침돌 일러
귀부라 한 뜻
새겨보네

3.
문득 떠오르는 구지가
거북아 거북아 머리를
내놓아라 만일 내놓지
않으면 구워먹으리라
가락국
건국신화로
삼국유사에도
전한다

4.
우리 전주 거북바위
입에서 입으로 뿐이런가
위 아래 없는
마음과 마음에 얽혀
먼 앞날
지난날처럼
이어이어
밝히리

전주 구 KBS 방송국 안에는 예로부터 신성시했던 거북바위가 있다. 이곳은 칼바위가 많아 일명 검암이라 불렀다. 금암동이란 동명도 여기서 유래했다. 고대국가는 왕릉이나 성터는 사신신앙에 의해 위치를 잡았다. 동청룡, 서백호, 남주작, 북현무는 왕권의 상징 이면서 사방수호의 의미를 지닌다. 이런 의미에서 전주 북쪽의 거북이는 전주를 수호하 는 중요한 의미를 지니고 있다. 이런 연유일까. 거북바위는 주민지정 문화재 제1호로 지 난 2012년부터 거북바위 축제를 마을 단위로 진행해 왔다. 하지만 KBS가 이전한 후 아파 트 공사가 진행이 되면서 이 축제는 중단됐다. 역사적 의미가 있는 바위는 수백 년 동안 방치돼 왔다.

예전 거북바위에 대한 논란도 있었다. 자연발생적으로 생긴 것이 아니라 누군가가 이곳으로 옮겨왔다는 것이다. 약 17m나 되는 거대한 돌이 어떻게 이곳으로 왔을까. 전주를 왕도로 삼았던 견훤이 오랜 기간 500~600여 명의 사람을 동원해 270톤에 가까운 돌을 옮겼다는 이야기가 나왔다. 거북이가 십장생 중 하나였기 때문에 전주를 천년 고도로 만들고 싶었던 견훤의 마음이 담긴 것으로 풀이된다. 이럴 경우 거북바위는 현재 자리를 천년 넘게 지키고 있는 셈이다. 사실이야 어떻든 거북이는 장수와 다산, 자손의 번영과 무병장수를 담은 동물로 수천 년 동안 조상들의 사랑을 받았으며, 명당으로 인정받고 있다. 특히 후백제 시대에는 전주천 물길이 현재와 달라 승암산에서 거북바위 바로 밑 금암광장으로 흘렀다고 한다. 이 사실은 지면에서도 알 수 있는데 거북의 머리가 바라보고 있는 곳이 배를 매어두는 자리란 의미로 '배맨자리'였다고 한다. 지금은 자동차가 달리는 도로로 변화됐지만 거북바위가 만들어질 시기엔 흐르는 물길과 그 물길을 바라보는 거북이의 모습을 연상할 수 있다. 물의 힘을 받아 전주를 지키는 늠름한 거북이의 모습 말이다.

하지만 거북바위는 심한 몸살을 앓고 있다. 바로 옆에 아파트 공사가 진행되면서 거북바위를 지탱하고 있는 흙덩어리를 제외하곤 모두 사라졌다. 거북바위만 홀로 우뚝 선 채이곳을 지키고 있는 꼴이다. 아파트가 완공이 되면 어떤 모습으로 변화될지 알 수 없지만 관리가 잘 되지 않은 것을 보면 마음만 아플 뿐이다. 거북바위를 통해 전주의 안녕을 기원했던 견훤이 이 모습을 본다면 노발대발하며 무덤에서 금세라도 나올 듯하다.

조경단 묘역에서

1.
건지산 바로 동남쪽
조경단 길은
우거진 송림의
일난한 봄철이면
즐거운
산책길 되어
찾아들군
했었지

2.
내려 앉은 하늘
팔벼개로 즐기자면
소나무 가지 가지
스치는 바람소리
저소리
지금도 귓결 아슴히
산들거려
드누나

3.
원래 이 묘역은
고종 광무 연간
새로 단을 설치
조경단 일렀거니
이태조
비조 되시는
이한공을
받듦이었어

4.
되짚어 생각하면
이 조경단은
태조 영정 모신
경기전과 아울러
전주의
우리 전주의
꽃심이
아닐런가

　어린 시절, 수백 번을 지나갔건만 어떤 의미를 가진 장소인지 몰랐다. 학창 시절, 동물원은 소풍 단골 대상이었다. 친구들과 함께 조경단 앞을 지나면서도 '넓은 잔디동산'이란 생각뿐이었다. 어린 나이였으니 그럴 만도 했다.

　성인이 돼서도 조경단은 쉽게 찾지 못했다. 오랜 만에 찾은 조경단은 옛 모습 그대로다. 우선 하마비가 눈에 띈다. 지위 고하를 막론하고 말에서 내려야 한다는 뜻처럼 이곳은 조선시대 신성시 했던 곳으로 생각이 든다.

　알려진 데로 조경단은 전주 이씨 시조인 이한의 묘역이다. 조경이란 말은 '경사가 시작된다'는 뜻으로 새 왕조의 탄생을 의미한다. 태조 이성계를 조선 왕조를 세운 뒤 건지산에 있는 이 묘역을 각별히 지키도록 했다. 자신의 시조 묘이니 당연한 일이었다. 이성계 후손들도 이 묘역 보호에 지극 정성을 다했다. 특히 고종 황제는 1899년 이곳에 단을 쌓고 비를 세웠고, 관리를 배치했으며, 매년 한 차례씩 제사를 지내도록 했다. 비석에 새긴 '대한 조경단(大韓 肇慶壇)'이란 글씨와 비문은 고종 황제가 직접 쓴 것으로 전해진다.

기록에 의하면 전주 이씨 시조인 이한은 전주에 토착해 온 명문 태생으로 신라 태종 무열왕의 10대손의 딸과 결혼을 했고 문성왕 때 사공을 지냈다. 이후 후손들은 전주를 주거지로 삼았고 태조 이성계의 6대조인 목조까지 생활한 것으로 전해진다.

때문에 조경단은 태조 어진이 있는 경기전과 함께 전주가 조선왕조 발원지임을 상징하는 곳인 셈이다. 1973년 전북기념물 제3호로 지정됐다.

아쉬운 점도 있다. 굳게 닫힌 문은 오랜만에 찾은 방문자를 반기지 않는 듯하다. 관리 차원에서 한편으로 이해가 되지만 아쉬운 마음을 숨길 수는 없다. 겨우 열리는 문틈으로 본 조경단은 1만여 평의 경내에 돌담으로 둘러싸여 있다. 조경단 남쪽 20m 지점에는 고종이 세운 비석이 비각에 안치돼 있다. 나중에 안 사실이지만 조경단은 시제를 지낼 때와 벌초를 할 경우를 제외하곤 일반인들에게 공개되지 않는다고 한다. 훼손을 방지하는 차단막을 설치하고 일부는 공개했으면 하는 아쉬움을 뒤로 한 채 걸음을 옮길 수밖에 없었다.

나바위성당에서

1.
군산 길이었던가
강경 길이었던가
저때의 발길
어느 쪽이었던가
생각을
아련히 챙겨 보아도
분간 잘
서지 않네

2.
반공에 높이 솟은
바위너설 우러르자
십자에도 올연히
자줏빛이 돋아라
어느 별
인도였던가
이 거룩한
성지 마련

3.
상하이에서 황해
황해 길 제주 거쳐
김대건 신부님
조선 땅 사제 길을
이러이
열었거늘 이도
하늘 뜻이
아닐런가

4.
성 김대건
안드레야 사제님
로마 교황청의
시성 선언 입고도
젊고도
애달프게 젊은
안드레야
사제님

북쪽을 향해 얼마나 갔을까. 전북 권역을 벗어나기 직전에서야 나바위성당을 만날 수 있다. 익산시 망성면 화산리에 위치한 나바위성당은 김대건 신부가 중국에서 사제가 돼 첫 출발을 디딘 곳이다.

나바위성당은 당초 마을이름을 따 화산성당이라 불렀다가 완주군 화산면과 혼동을 피하고자 1989년 현재 이름으로 바꾸었다. 나바위는 나암의 우리말 표기로 광장 같은 너럭바위가 화산 정상에서 강가로 널러 있어 생긴 이름이다.

나바위성당은 김대건 신부와 관계가 깊다. 15세 나이로 마카오에서 사제수업을 받고 중국 상하이에서 사제가 된 김대건 신부는 죽을 고비를 수없이 넘기면서 1845년 이곳에

오게 된다. 훗날 천주교에서는 김대건 신부가 나바위에 정착한 일은 '하느님의 섭리'라 일컬을 정도로 이곳은 축복의 땅이 됐다.

성당은 1897년 초대 주임으로 부임한 베르모렐 신부가 1906년 신축공사를 시작해 이듬해 완공됐다. 설계는 명동성당을 만든 프와넬 신부가 했고 목수는 중국인들이 맡았다. 건축양식은 한옥의 전통양식을 취했는데, 한옥지붕을 한 모습에 흙벽은 양식벽돌로, 성당입구는 고딕식 종탑이 자리잡았다. 현재 국가지정문화재 사적 318호다. 내부는 당시 전통관습에 따라 남녀구분을 위한 칸막이가 설치됐고 현재까지도 기둥이 그대로 남아 있다. 내부에는 김대건 신부의 목뼈 일부가 모셔져 있으며, 1908년 애국계몽운동의 일환으로 계명학교가 운영되기도 했다.

성당 뒤 동산으로 발길을 옮기면 김대건 신부 순교기념비와 성상, 그리고 동산 위엔 망금정이 위치하고 있다.

재미있는 사실은 동산 뒤편 바위에 새겨진 마애불상이다. 자세히 봐야만 알 수 있는 마애삼존불상은 나바위성당이 만들어지기 전 금강을 오르내리며 실어 나르는 배들의 안녕을 기원하기 위해 새겨졌다.

천주교 성지로 알려진 곳에 불상이 새겨진 형세가 이색적이기 그지없다. 하지만 당초 이곳은 조선시대 사계 김장생이 임의정을, 우암 송시열은 팔괘정을 지어 후학을 양성할 정도로 유학의 요람지였으니 명당 중 명당이란 생각이 든다. 천주교와 불상이 같은 하늘 아래 존재하고 있는 것이 어찌 보면 무척이나 당연하다.

해바라기 마을에서

1.
진안군 배넘실마을
한마을 사람들은
20만평 들판
사잇길 열고
일가꾼
해바라기 밭을
입입마다
자랑인데

2.
배넘실마을 해바라기를
대낮 햇볕 이고
둥글 넓적한
꽃판 숙여 선채
이웃들
발돋움해 살피는
정겨움
정겨움이여

3.
잠시 참 눈앞을
고흐 반 고흐가 스치며
그의 해바라기가
불현듯 다가선다
노랑꽃
물결이 인다
이 무슨
백일몽인가

4.
백일몽 한갓
백일몽이 아니데
저 눈앞 용담호
비늘 돋은 물면이
두둥둥
희망의 노래
복장구를
울리데

산골마을들이 변하고 있다. 마을의 특성을 살린 프로그램을 만들고 관광객 유치에 한창이다. 관광 수익을 통해 마을 자생력도 키우고 활기찬 분위기 조성이 목표다. 조용하고 사람 흔적 없던 마을들이 북적거리고 사람 냄새가 나는 곳으로 변하고 있는 것이다.

대표적인 마을들이 떠오른다. 완주 안덕마을은 숙박시설과 다양한 체험시설 그리고 찜질방을 운영하며 사람들 발길을 유혹하고 있다. 도시 생활에 찌든 사람들은 주말이면 이곳을 찾아 심신을 달래고 여유로운 휴식을 취한다.

고창 학원농장도 빼놓을 수 없다. 사유지이지만 마을 주민들이 함께한다. 이곳은 봄이

면 청보리밭, 여름엔 해바라기, 가을엔 메밀꽃과 겨울엔 하얀 눈이 덮힌 동산을 자랑한다. 일 년 사계절 가리지 않고 관광객들이 찾으면서 전국적인 유명 명소가 됐다.

진안 배넘실마을도 뒤늦게 합류했다. 이 마을은 해바라기를 내세웠다. 약 20만 평의 들판에 해바라기를 심고 축제를 만들어 사람들을 유혹하기 시작했다. 올해 처음으로 시작한 해바라기 축제는 입소문을 타고 온 사람들로 붐비고 있다. 빽빽하게 핀 해바라기 속으로 사람들은 마치 숨바꼭질을 하는 듯 즐거운 표정이고, 마을 주민들은 주차관리, 음식판매 등 저마다 맡은 임무를 수행하느라 바쁜 모양새다. 최근 마을축제를 가면 입장료는 받는다. 시골 인심이 야박하다고 느낄 수 있지만 결코 그렇지는 않다. 입장권은 축제에서 활용할 수 있는 티켓으로 활용이 가능하다. 입장권으로 주민들이 판매하는 음식이나 각종 기념품을 구입할 수 있다. 축제장까지 와서 주머니는 열지 않은 채 눈요기만 하는 얌체 관광객들을 방지하기 위해서다. 또 반강제적이지만 물품이나 기념품을 판매해 축제장 관리 및 마을 수익창출까지 두 마리 토끼를 잡기 위한 묘책으로 보인다.

어렵사리 찾았지만 해바라기는 고개만 숙이고 있다. '너무 늦게 왔다'는 주민의 말이다. 내년을 기약하며 아쉬운 발걸음을 돌려야 했다. 해바라기밭에 갈 때 반드시 챙겨야 할 것이 있다. 뜨거운 햇볕을 가릴 수 있는 양산이나 모자는 필수다. 해바라기밭은 특성상 그늘이 없고 한창 뜨거운 여름에야 만날 수 있다. 가벼운 발걸음으로 찾았다간 내려쬐는 태양만 원망하며 해바라기는커녕 흘러내리는 땀만 가득 안게 된다.

어느 날의 경기전 일주기

1.
때로 경기전
돌담길에 서면
-태정태세문단세예성연중인명선
광인효현숙경영정순헌철고순 전
오백년
조선조에 대한
묵념에
젖는다

2.
미당 선생의
전북대 개교 23주년을 찬한
기념시가 문득
떠오르기도 한다
'과인의
왕조가 다' 운운한
입모습이
그것이다

3.
경기전 일주하며
맘만 느꺼운 것은
입구의 수문장으로부터
지하 통로길의 냉온장치까지
세상 참
상전벽해도 아닌
어리둥절
이었다

4.
일주를 다 마치고
밖을 나와서는
소문난 국수집
'베테랑'을 찾았다
김가루
고명이며 깨소금 맛이라니
이 또한
명불허전이었다

전주한옥마을의 대표적 역사유적지임에도 불구하고 이런 사실을 간과하는 곳이 있다. 경기전이다. 수많은 관광객이 한옥마을에 몰리면서 경기전 입구는 입장객들의 줄로 이어져 있지만 경기전에 대해 얼마나 이해하고 있을지 의구심이 들 정도다. 시대가 바뀌어 경기전을 대하는 태도가 변했다지만 경기전 앞 하마비를 통해 조금이나마 경건한 마음 자세로 임했으면 하는 아쉬움도 남는다.

주지하다시피 경기전은 태조어진을 모시기 위해 만들어졌다. 태조어진은 조선을 세운 이성계를 그린 그림으로, 사진이 없던 시절 역대 왕들의 모습을 남겨놓은 유일한 방법이다. 하지만 태조어진의 역사를 살펴보면 열거하기 힘들 정도로 아픈 과거가 있다.

　당초 조선은 건국 후 태조어진을 한양을 비롯해 고구려 수도 평양, 신라 수도 경주, 고려 수도이자 태조가 살았던 개성, 태조 출생지 영흥 그리고 태조의 본향인 전주 등 6곳에 봉안했다. 전주에 태조어진이 봉안된 것은 1410년으로 경주 집경전의 태조어진을 모사했다. 조선왕조는 건국자인 태조 어진을 전주에 봉안해 이곳이 왕실 고향임을 분명히 했다. 현재 태조어진은 1872년에 새로 모사한 것이다. 조선초 태조어진이 너무 낡고 오래쇄 그림을 물에 씻어내고 백자항아리에 담아서 경기전 북계상에 묻었다.

　조선시대 태조 어진은 많게는 26점이 있다고 한다. 하지만 현재 전주 경기전에 봉안된 태조어진이 유일하다. 전란과 화마의 위기 속에서 경기전 태조 어진만이 남은 것이다.

　1592년 임진왜란이 일어나자 경기전 태조 어진은 조선왕조실록과 함께 정읍 내장산으로 이안했다. 이후 아산객사로 옮겼다가 강화도를 거쳐 묘향산 보현사 별전에 봉안해 화를 면했다. 1767년에는 전주에 큰 불이 났다. 민가 1천여 호를 불태우고 불길이 경기전에 미치자 태조어진은 향교 명륜당으로 자리를 옮겨 화마를 피했다. 1894년 동학농민혁명 때에는 전주성이 전란에 휩싸이자 태조어진은 위봉산성으로 피해 화를 면했다.

　경기전의 역사도 태조 어진과 함께 한다. 태조 어진을 봉안한 곳은 당초 전주 진전이라 불렀다. 이후 1442년 경기전으로 이름이 바뀌게 됐고, 1587년 정유재란 때 전주성이 일본군에 점령당하면서 소실됐고, 1614년 중건, 1676년 진전 동편 전주사고 자리에 별전이 건립됐다.

　1919년 일제는 경기전 서편 부속건물을 철거하고 일본인 소학교를 세웠다가 1937년 철거됐다. 1997년에는 경기전 서편 부속건물 자리에 중앙초등학교가 이전되고 이후 2004년 부속건물이 복원돼 현재 모습을 갖추게 됐다.

섬진강 댐 물문화관

  -안팎에서

  1.
섬진강 옥정호 길
새로 꾸며 이룬
〈옥정호 댐
물문화관〉
덩실한 어엿한 모습
이날 처음
대했어

  2.
문화관 안의
층층 층계 이저리 돌며
옥정호 사계절을
담아낸 원근 경개
이저기
발표시 밟아
돌며 돌며
살펴 보다

3.

문득 떠오른

노자의 말씀

물의 공덕이여

상선약수여

뿐인가

물 없인 만물도

있을 수

없는 것을

4.

섬진강 댐 물문화관

되돌아 나와

되나 된 이 한여름

이마 땀을 쓰는데

시리고

시린 찬물 한 대접

생각 겹쳐

일어라

1990년대 주말이면 옥정호는 전국에서 모인 강태공들로 붐비었다. 1호배, 2호배 글자가 새겨진 작은 어선들은 낚시꾼을 실고 옥정호 이 곳 저 곳을 누볐다. 하루 일정으로 온 낚시꾼들도 있지만 대부분 주말을 이용한 1박2일 코스다. 때문에 해가 진 저녁에도 낚시꾼들이 던져놓은 찌가 마치 반딧불이처럼 발광하는 모습도 연출했다.

어선의 선주들은 강태공들이 밀려드는 주말에 앞서 먼저 움직인다. 이들은 자신들의 구역에 미리 떡밥을 풀어놓고 고기들을 유인한다. 다음날 손님들이 오면 '이곳이 명당'이라며 자신만만해 한다. 한 명이라도 단골을 더 가지기 위한 그들만의 삶의 지혜다.

수많던 강태공들은 1999년 썰물처럼 사라졌다. 옥정호가 상수원보호구역으로 지정됐기 때문이다. 낚시꾼들의 자취가 사라지면서 이들을 상대로 영업을 했던 뱃사공들도 함께 정든 곳을 떠났다. 상수원보호구역으로 지정된 이후 옥정호는 오랜 시간 묵묵히 자신의 자리를 지킬 뿐이었다.

최근 옥정호가 다시 관심을 받고 있다. 보호구역 지정에 따른 규제로 고통을 받던 임실 군민은 상수원보호구역 재조정을 청원했고, 이에 따라 보호구역 범위가 대폭 축소된 것이다. 즉각 임실군은 수상레포츠타운 조성 사업 등 옥정호 개발추진에 들어갔다. 물문화 둘레길, 붕어섬 주변 생태공원, 대장금 테마파크 등을 조성해 옥정호를 통한 관광수익과 주민 권익을 되찾겠다는 것이다. 하지만 옥정호를 식수원으로 삼고 있는 정읍지역은 강하게 반발하고 있다. 옥정호 개발에 따라 식수원이 오염된다는 게 그 이유다. 식수원보호구역이 축소되면서 한 편에선 희소식이 또 다른 한 편에선 강한 불만이 제기돼 아쉽기만 하다.

옥정호는 섬진강댐이 완공되면서 생긴 거대한 인공호수다. 물안개가 피어나는 주변 도로와 함께 옥정호 붕어섬은 사진작가들이 즐겨 찾는 명소다. 인근 국사봉에 오르면 멀리 마이산도 보인다. 최근 임실군은 붕어섬을 매입한 것으로 알려지고 있다. 사람들이 즐겨 찾는 장소인 만큼 이곳을 활용해 관광자원으로 만들겠다는 것으로 보인다.

옥정호에 가면 들려야 할 곳이 있다. 운암대교 인근에 있는 옥정호 물문화관이다. 작년 7월 섬진강댐 준공 50주년을 기념해 만들어졌다. 이 문화관은 섬진강의 역사, 옥정호의 아름다움을 알리는 공간으로 활용되고 있으며 1층, 2층 그리고 전망대가 설치돼 있다.

류인탁 기념체육관

1.
일구팔사년
나성 올림픽 때였지
코리아 뿐 아닌
온세계를 들끓게 한
레슬러
류인탁 군은 일약
새별로
떠올랐었지

2.
그러니까 류선수는
저때만 해도
그 이름만치
부러움 살 것도 없는
마치도
떠오르는 햇살
펼치는 햇살
햇살이었지

3.
전주시는 시 대로
중론을 모아서
〈류인탁 기념체육관〉
세워 기리거니
레슬링
어깨 으쓱거리는
전통 이어져라
길이

4.
레슬러 류인탁
류인탁의 신화는
새로운 신화
새살 돋는 신화로
앞날도
먼 먼 앞날도
꽃
꽃이거라

제31회 리우데자네이루 하계올림픽이 최근 막을 내렸다. 예년보다 훨씬 더운 여름에 열대야까지 찾아와 잠 못 이루던 찰나, 올림픽의 뜨거운 열기로 잠시나마 위로를 받을 수 있었다.

이번 올림픽을 통해 울고 웃는 종목이 생겼다. 기대했던 종목은 성적을 얻지 못해 울상이 됐고, 예상치 못한 종목에서 메달이 나오기도 했다.

레슬링도 이번 대회 관심사였다. 레슬링은 대한민국이 건국 이후 첫 올림픽 금메달이 나온 종목이다. 1976년 몬트리올 올림픽에서 양정모 선수가 금메달을 한국에 안겼다. 이후 효자종목으로서 그 위용을 보여왔지만 최근엔 부진을 면치 못해왔다.

지난 2008년 베이징 올림픽에선 동메달 1개만을 획득하는 데 그쳤다. 설상가상으로 이번 올림픽에서도 김현우의 동메달 1개를 제외하곤 별다른 성과를 거두지 못했다. 메달 획득이 올림픽 참가의 전부라 할 수는 없다. 하지만 이왕 출전했고, 이를 위해 4년 동안 지옥 같은 훈련을 감안하면 그렇다.

전북출신으로 올림픽 메달리스트는 많다. 양궁의 박성현을 비롯해 배드민턴 유연성, 펜싱 김지연 등 열거하기 힘들 정도다.

류인탁 선수도 빼놓을 수 없다. 류인탁 선수는 1984년 로스엔젤레스 올림픽에서 레슬링 자유형에 출전해 금메달을 목에 걸었다. 특히 그는 예선전부터 허리를 다치고 결승전에서는 무릎이 돌아가는 부상까지 겪었지만 금메달을 향한 집념을 꺾지는 못했다. 시상식에 휠체어를 타고 나타난 그의 모습을 보면서 온 국민은 각본 없는 드라마에 눈물을 흘릴 수밖에 없었다.

전주대학교 신정문을 가면 류인탁 기념체육관이 있다. 부상을 이기고 금메달을 따낸 그의 투혼을 기리기 위해 설립됐다. 기념관 앞엔 설립의 의미가 새겨진 비석이 눈에 띈다.

'자랑스런 전북의 아들 류인탁 선수의 장한 쾌거가 이 기념관과 더불어 체육 한국과 세계 속의 한국으로 웅비하는 디딤돌이 되고, 꺼지지 않는 불길로 승화돼 뜨겁게 타오르기를 축원한다.'

기념석에 새겨진 글씨다. 기념체육관은 류인탁 선수의 후배들이 뜨거운 여름도 반납한 채 오늘도 구슬땀을 흘리고 있다. 체육관 문에 가깝게 다가가자 이들의 땀 냄새가 물씬 풍겨온다. 강한 햇볕에 널어놓은 이들의 운동화를 보면서, 이 운동화의 주인공이 언젠가는 올림픽 무대에서 대한민국을 알리는 불길이 되는 상상을 하면서 발걸음을 돌렸다.

전주 헌책방거리

1.
주로 주말이면
찾아 돌기 마련이었지
헌책방도 들리고
새책방도 들리고
들린 길
얻은 것 있으면
횡재한
기쁨이었지

2.
청석동 파출소에서
관선동 파출소까지
지그재그로
돌기 마련이었지
눈결에
스쳐드는 책 골라
구한 책
펼쳐도 보고

3.
오늘은 일 삼아
홍지서점 들렸지
박경리 유고시집
바로 눈을 끌더군
김덕용
그림사진도
썩 내마음에
안기고

4.
헌책방 일신에서
최영미의 시집
'서른, 잔치는 끝났다'
값을 물으니
구사년
삼천원의 반가 천오백원
이 또한
횡재 아닌가

과거 즐겨 찾던 곳 중 하나가 헌책방거리다. 그곳엔 저렴한 가격에 뜻밖의 횡재를 할 수 있는 곳이다. 이른바 홍지서림 길목이라 칭하는 이곳엔 과거 10여 개의 헌책방이 즐비했다. 새 책을 살 여유가 없거나, 더 이상 나오지 않는 책들을 구하는 사람들이 이곳을 즐겨 찾았다.

헌책방을 들어가면 일단 욕심부터 생긴다. 손에 집히는 데로, 눈에 보이는 데로 구입하고 싶은 마음이 생긴다. 하지만 이내 가벼운 주머니가 충동구매욕구를 막는다. 후일을 기약하며 책방을 나서지만 넘치는 미련은 어쩔 수 없다.

헌책방은 여유가 넘친다. 손님은 손님대로 여유 있게 책을 찾고, 주인장은 주인장대로 책만 보고 있다. 간혹 찾는 책 위치를 물으면 모른다는 답만 돌아온다. 2만여 권의 책을 보관하고 있으니 그 위치를 머릿속에 담아두긴 어려웠을 게다. 그럼에도 태평스럽다. 도망가지 않는 물건이니 언젠가는 주인을 만날 것이란 기대감에서다.

최근 찾은 헌책방거리는 상황이 많이 변했다. 헌책방거리라 부르기 민망할 정도로 책방이 사라졌다. 두 개의 헌책방만 명맥을 유지하고 있을 뿐이다. 책방을 들어서니 여유가 느껴지지만 예전 여유와는 다른 느낌이다. 손님이 많아 발 디딜 틈이 없어도 생겨나는 여유와 딴판이다. 오히려 손님이 없어 한가로움에서 나오는 반갑지 않은 여유다.

그로 그럴 것이 필요한 물건들을 인터넷을 통해 구입하는 시대가 됐다. 헌책방도 여기에서 자유롭지 못하다. 이제 손님들은 굳이 책방을 방문하지 않아도 안방에서 편히 책을 주문할 수 있게 됐다. 이런 번거로움에서 벗어나 편하게 책을 구입할 수 있으니 누가 헌책방을 방문할 것인가. 또 생활여건이 좋아지면서 헌책보단 새 책을 선호하는 시대가 됐으며, 여기에 다양한 영상매체 등에서 각종 정보를 얻을 수 있으니 이곳을 찾을 이유가 없어진 셈이다.

그럼에도 이곳은 사람냄새가 난다. 헌 책이나 손때가 조금 묻어도 걱정 없다. 사람들은 한가롭게 서서 때론 앉아서 책 보기에 푹 빠졌다. 손님이 책을 보건 말건, 구입하건 그냥 나가건 주인장은 아랑곳하지 않는다. 살 사람은 말려도 살 것이고 그렇지 않은 사람은 어떤 감언이설을 해도 사지 않음을 알기 때문이다.

먹고 살기 힘든 시절, 학구열에 불탄 사람들의 주머니 걱정을 덜어준 헌책방은 이제는 점점 사라질 위기에 처했다. 그럼에도 불구하고 이 책 저 책을 읽다가 마음에 드는 책을 발견했을 때의 기쁨은 다른 장소에서 얻는 것과 비교가 되지 않을 정도다.

초남이 성지를 다녀와서

1.
전주유씨 문중에
태어나신 어른
유항검 아오스딩
여기 와서 뵙습니다
전주의
치명자산 무덤은
자주 우러렀을
뿐

2.
오늘 초남이성지
에 와서 뵙고야
아 여기 또 여기
주거 집터도 헐리우고
뿐인가
파가 저택의
형벌로
못이 되고

3.
이런 난리가
다 어디 있으리
그러나 이런 난리
끝내 해원되었으니
해와 달
중천에 있는
까닭까닭도
알겠네

4.
바로 두해 전인
이천 십사년
8월 16일
프란치스코 교황께서는
새로이
지난 역사 돌이켜
만만세를
밝혔어

　완주군 혁신도시를 지나 굽이굽이 들어간다. 이곳 정보를 알지 못했다면 손쉽게 찾을 수 있는 곳이 아니다. 천주교 복자 유항검의 생가가 있는 초남이성지다. 또 이곳은 동정부부라 불리는 유항검의 아들 유중철과 이순이가 살턴 생가터가 있다. 1754년 당시 전주부 이서면 초남리인 이곳에서 유항검은 태어났다. 그의 집안은 대대로 벼슬을 지냈으며 많은 재산도 소유한 것으로 알려져 있다. 일찍이 새로운 사상에 눈을 뜬 유항검은 천주교 교리를 배우고 이 지역에 내려와 복음을 전했다. 하지만 1801년 신유박해 때 체포돼 전주 풍남문 밖에서 능지처참형을 받았다. 그의 일가 7명이 함께 순교했으며 지금은 전

주 치명자산에 이장되어 있다.

유항검의 재산은 몰수됐고, 그의 집은 파가저택의 형벌로 인해 없어졌다. 대신 그 자리에 연못이 만들어졌다. 파가저택은 집을 불사르고 집터를 웅덩이로 만들어 3대를 멸하는 벌이다. 주로 국사범에게 내려지며 조선왕조 500년사에 가장 큰 형벌이다. 이곳은 조선실록에서 근거를 찾아 1985년 유항검의 생가터임이 확인됐다. 현재는 천주교 성지로 알려져 있으며 주말이면 많은 신자들이 이곳을 찾아 그의 정신을 간접적으로 체험하고 있다.

집이 허물어지고 만들어진 작은 웅덩이는 아름답기만 하다. 별다른 생각 없이 바라보면 여느 부잣집 관상용 연못으로 느낄 수 있다. 하지만 연못에 이런 사연이 배어있음을 안 순간 아름다운 느낌은 차분함과 경건함으로 변화된다. 비록 천주교 신자는 아니지만 연못 앞에서 그를 숭배해야 하는 의무감까지 들 정도다. 자신의 모든 것을 포기하고 심지어 자식들 생명까지 다 바칠 정도로 그를 이끌었던 것은 무엇일까. 정답을 찾기엔 가진 지식이 부족하지만 확실한 것은 한 가지다. 선조들의 희생정신이다. 2000년대를 살아가는 후손들은 평화롭게 앞마당을 밟고 지나칠 뿐이지만 우리 역사 속엔 잊혀질 수 없는 희생정신이 곳곳에 새겨져 있다. 이들의 희생이 없었다면 오늘날 우리가 존재할 수 있을까. 한 발 먼저 움직이면서, 옳다는 믿음과 신념을 위해 기꺼이 목숨을 내놓았던 이들은 분명 시대를 앞서갔다. 2016년 지금 우리나라의 주인은 과연 누구인가? 쉬운 듯 알쏭달쏭한 질문은 던지며 발걸음을 돌렸다.

솔섬

1.
부안군 변산면 도정리
해변 쪽에 있다 했다
이리 틀고 저리 틀고
고갯길 굽이 돌고돌아
아 솔섬
솔섬을 만났다
한 폭
그림이어라

2.
솔섬 사이는 마침
썰물 때였다
물 잡힌 벙벙함을
바랄 수가 없구나
뻘조개
줍는 애들만
흙투성이
범벅이다

3.
솔섬 배경을 이룬
붉은 노을 자락에는
여의주 굴리는
용의 머리 용의 수염
아련한
한 폭 그림의
용틀림도
빛부시다

4.
일몰 든 솔섬이나
썰물 진 솔섬이나
솔섬 다시 바라
이리되작 저리되작
곰곰이
되작거려도 솔섬은
아름다운
솔섬이여

　부안 격포해수욕장을 지나 굽이굽이 가다보면 전북학생해양수련원이 나온다. 별다른 인연이 없으면 지나치기 십상이지만 이곳 해변엔 일몰 촬영지로 유명한 섬이 있다. 솔섬이다. 말이 섬이지 조그만 무인도다. 해변에서 약 200m 떨어져 있어 손만 내밀면 잡힐 듯하다.
　이곳이 유명세를 타게 된 것은 디지털 카메라가 보급되면서부터다. 많은 사람들이 카메라를 든 채 누비다 발견한 곳이다. 솔섬은 이름 그대로 소나무 몇 그루가 섬을 차지하

고 있다. 특히 오른쪽에서 두 번째 소나무는 마치 용머리와 흡사하다. 이곳에서 찍는 일몰 사진 중 가장 으뜸은 용 입안에 들어가 있는 붉은 태양이다. 용이 여의주를 물고 하늘로 승천하는 듯한 느낌을 자아내기 때문이다. 하지만 무작정 이곳을 간다고 여의주 사진을 찍을 수는 없다. 태양이 지는 계절과 궤적이 잘 맞아 떨어져야만 붉은 태양이 용의 입안에 쏙 들어가게 된다.

이곳은 모세의 기적이 일어난 섬이라고 불린다. 밀물 때엔 넘실거리는 파도가 발아래까지 넘치지만 썰물에는 솔섬까지 물이 빠진다. 직접 걸어서 섬까지 갈 수 있다. 물이 빠진 때에는 어른, 아이 할 것 없이 조개잡이에 한창이다. 미처 썰물에 빠져나가지 못한 고기들도 이들의 관심거리다.

하지만 이곳의 가장 큰 자랑은 아름다운 낙조. 부안 변산반도 모두 아름다운 낙조를 볼 수 있지만 솔섬에서 보는 낙조만큼은 아니다. 주변 수려한 경치와 일몰이 곁들여진 풍경은 솔섬에서만 볼 수 있는 장관이며, 직접 걸어서 섬까지 진입할 수 있는 재미도 있다. 해넘이야 어느 곳에서 접하든 아름답지만 철새들이 수시로 날아오르고 여의주를 문 용을 만날 수 있는 솔섬이야 말로 감동적인 풍경을 자아낸다. 모든 이의 마음을 평화롭고 설레게 하기에 충분한 곳이다. 그러나 요즘은 그렇지만도 않다. 해가 지는 시간이면 여지없이 수많은 사진작가들이 모여든다. 조금이라도 좋은 장소를 확보하기 위한 눈치싸움이 치열하고, 심지어 해가 중천에 있을 때부터 미리 와 장소를 선점하기도 한다. 조금만 늦으면 지는 해는 고사하고 해넘이를 찍는 사진작가들의 뒤통수만 바라보는 경우도 발생한다. 재미있는 것은 일몰 시간에 맞춰 한 번에 밀려왔다 쭉 빠져나가는 사람들 모습이 마치 밀물과 썰물 모습을 연상시킨다.

정여립 생가터에서

1.
한국사 읽은 사람
모를 이 있을까
기축옥사의
저 장본인
정여립
정여립 모를
삼척동자
있을까

2.
전주 남문 밖
정씨 가문 태어나
문과 급제도 한
헌헌장부였다는데
어이해
야살스럽고
간망한
생각이었는가

3.
진안 죽도까지 들어가
터를 닦다 벌린 일
관군의 포위망에
아들 옥남도 잃고
제 목숨
자결로 일이
끝난 것도
아니었다네

4.
전라도 반역향의
큰이름 덧씌워
천 명도 넘는
연좌로 목을 날렸거니
하늘도
해 달을 잃고 아
막막천지
였으리

정여립 생가터는 우연한 기회에 알 수 있었다. 전주 인근 구 기차터널이 갤러리로 변신했다는 소리를 들었다. 아름아름 물어 갤러리를 찾던 차 눈에 띄는 표지판이 있었으니 정여립 생가터다.

가까운 곳에 이런 곳이 있었다니 왜 지금까지 몰랐을까 하는 생각과 함께 생가터를 둘러봤다. 생가터는 표지판이 없다면 전혀 알 수 없을 정도다. 집이 있던 흔적은 전혀 없고 표지판과 그 뒤에 정자 하나만 달랑 있을 뿐이다.

정여립은 1546년 이곳에서 태어나 1589년 진안 죽도에서 사망했다. 조선중기 문신이자 사상가, 개혁가, 공화주의자로 통한다. 정여립은 대동계를 조직해 활동하다가 모반을 꾀

한다는 죄목으로 죽임을 당했다. 생가터는 송두리째 파헤쳐졌고 지금은 그곳에 물을 채워서 만든 연못만이 남아 있다. 이제는 그 연못도 사라진 상태다.

정여립 선생은 세상과 뜻이 맞지 않아 벼슬을 그만두고 진안 죽도에서 말년을 보냈다. 생가터에는 진안 죽도로 가는 표지판이 있는데 걸어서 3~4시간 걸린다고 한다. 정여립 선생은 이 길을 통해 죽도에서 학문과 무예를 가르쳤지만 관군들에 의해 아들 옥남은 죽고 자신은 자살을 하게 된다. 이 사건으로 동인에 대한 박해가 시작된 기축옥사가 일어나고, 전라도는 반역향이라 해 호남인들의 등용이 제한되는 사건이 발생하게 된다. 호남에 사는 후손으로선 가슴 아픈 일이지만 받아들여야 할 운명처럼 보이기도 한다. 당초 정여립 선생은 진안 죽도로 향하는 길을 걸으며 온갖 사색을 했을 것으로 여겨지지만 지금은 아름다운 순례길 또는 등산로로 이용되고 있으니 세상은 알다가도 모를 일이다.

생가터 뒤 정자는 마을 사람들이 만든 것이다. 평소 정여립 선생이 휴식을 취했다는 장소에 모정을 짓고 주민들의 쉼터로 활용하고 있다.

여기서 생긴 궁금증 하나. 최근에 만들어진 도로명주소에 의하면 전주엔 정여립로가 있다. 그런데 장소가 생가터와는 정반대인 곳에 위치해 있다. 생가터는 완주군 신리면에 위치해 있는 데 비해 정여립로는 한창 개발중인 혁신도시에서 해성고, 국립전주박물관 등을 거치게 돼 있다. 도로명이 만들어질 때는 어떤 사연이나 인물이 연관성이 있는 경우에 이름을 사용하게 돼 있다. 생가터와 정반대에 정여립로가 있는 것은 정여립이 만든 대동계와 관계가 있다.

정여립은 대동계를 조직해 전국으로 확대시켰는데, 이 대동계가 김제시 금산면 제비산 자락까지 퍼지면서 그 이동경로에서 힌트를 얻어 도로명이 된 것이다.

옥출산 향가터널

1.
순창 풍산면의
옥출산 산허리
터널길 삼백
팔십 사 미터
저 당시
일제의 꿍꿍이속은
무엇을
노림이었던가

2.
저 때를
어렴풋이 헤아려 본다
일제가 노린 것은
동남아 전선에의
군수품
수송 아니었을까
어림드는
생각이다

3.
다리 기둥까지
열 개나 세워놓고
천구백 사십오년
팔월 십오일
저 일제
일본제국주의는
조건없는
항복이었지

4.
세상 이치는
원형 이정으로
언제나 떳떳해야
상도 아니겠는가
터널길
바라다 말고
중천을
우러르네

　순창군 풍산면 향가마을은 인근 흐르는 섬진강 강물이 향기로운 물이라 이름이 붙었다. 또 근처 옥출산이 아름다운 산이라 해서 불렸다는 말도 있다. 어찌됐든 이곳은 자연 발생적으로 생긴 천혜의 아름다움을 자랑하는 곳으로 예전부터 기생을 대동한 한량들이 뱃놀이를 즐겼다고 한다. 또 겨울에는 씨알이 굵은 붕어가 많이 나와 낚시터로도 유명하다. 바로 옆 매운탕집에서 판매하는 음식들 역시 별미로 통할 정도다.

　이곳을 찾으면 강물 위에 세워진 철도 교각이 눈에 들어온다. 일제 강점기 때 순창과 남원을 연결하는 철도를 가설하다 해방이 되면서 중단된 흔적이다. 철로가 채 놓이기 전

철도 교각만 세워놓고 허둥지둥 도망가던 일본인들의 모습이 쉽게 연상이 된다.

또 철도 교각 바로 옆 옥출산에는 철도 터널도 만들어져 있다. 철로만 없을 뿐이지 384m의 터널은 온전하게 완성된 형태다.

일제 강점기, 일본은 호남지역 수많은 쌀은 실어 날랐다. 아마 이 철도도 순창이나 남원 등지에서 생산된 쌀을 수탈하기 위해 건설한 것으로 추정된다. 만약 일본의 항복이 조금만 늦었다면 다리는 완공됐을 것이고 더 많은 수탈이 일어났을 것이다.

수십 년 동안 버려지다 싶었던 철도 터널과 교각이 최근 새롭게 변신했다. 교각 위엔 자전거나 사람들이 지나갈 수 있는 다리가 만들어졌고, 터널은 다양한 장식물과 조명이 설치됐다. 주말이면 자전거를 즐기는 사람들이 이곳을 통해 전남 광양까지 하이킹을 즐긴다고 한다.

또한 터널은 항상 시원한 느낌의 온도를 유지해 힘든 일을 하고 지친 주민들에게 휴식처가 되고 있다. 돗자리와 음료수를 들고 편하게 누워 있는 사람들의 모습을 어렵지 않게 찾을 수 있을 정도다.

인근엔 오토캠핑장을 비롯해 다양한 펜션들도 자리 잡았다. 주말이면 가족들과 함께 이곳에서 즐거운 시간도 지내고 향가리의 아름다운 광경도 볼 수 있는 일석이조를 얻을 수 있다. 이른 아침, 철도 교각의 윗부분만 살짝 드러낸 채 온 세상을 하얗게 덮은 새벽안개는 이곳만의 명물이다. 눈을 감기조차도 아까울 정도로 펼쳐지는 서정적 모습은 바쁜 일상을 살아가는 현대인들에게 뜻밖의 청량제요, 보석같은 선물이다.

용담호사진문화관

1.
진안군이 마련한
용담호사진문화관
그러니까 이건
용담호 수몰가구의
자료들
3만여 점이거니
얼마나 큰
보물인가

2.
사진문화관은
뒷산 품에 안겨
이 용담호에 잠긴
수몰의 애절함도
밤하늘
별빛을 안고
도란도란
거리는가

3.
이 많은 사연들
담고 있는 문화관
용담호사진문화관
인 것을
이렇듯
허술한 시설이 두 번
수장 꼴
아닌가

4.
챙기는 것만이
능사는 아닐 터
용담호사진문화관
일이면 일답게
군민들
마음 모둔 앞날
가꿔갈 일
아닐까

진안 용담호는 금강 상류에 다목적댐이 건설되면서 만들어졌다. 진안군 1개 읍과 5개 면이 수몰되면서 만들어진 거대한 담수호로 전주권 생활용수 해결을 위해 건설됐다. 용담댐은 1990년 착공해 20001년 완공됐고, 이곳 물은 21.9km의 터널을 통해 완주군 고산 정수장으로 보내진다.

용담호는 호수의 물빛과 푸른 하늘이 빚어내는 천혜의 자연경관을 가지고 있어 드라이브 코스로 각광을 받고 있다. 주변 도로를 달리노라면 떨어지는 낙엽에 저절로 시 한 수 나오게 된다.

하지만 아름답게만 보이는 용담호에는 수몰민들의 애환도 숨겨져 있다. 68개 마을의 생활기반과 문화재들은 용담댐 물과 함께 물밑으로 가라앉았고 그 위엔 64km의 도로가 새로 건설됐다. 지역 주민들의 애환을 달래기 위해 망향탑이 설치돼 있지만 가장 주목되는 곳은 용담호 사진문화관이다. 이곳은 사진작가인 이철수 관장이 1995년부터 수몰지역을 돌아다니며 촬영한 사진을 모아 놓은 곳이다. 또 마을 이곳저곳에서 수집한 다양한 생활유물들도 3천여 점에 달한다. 3,000가구의 이주와 수몰과정을 담은 사진과 이주하기 전 불에 태우려는 주민들을 설득해 수집한 유물들은 이제는 소중한 기록이 되고 있다. 1995년부터 2001년까지 꼬박 6년 동안 튼튼하다는 지프차 두 대를 박살내면서 이룬 작업이다. 이후에도 사진과 유물을 정리하는 데만 2년이 걸렸다고 한다.

용담호 사진문화관은 당초 진안군 정천면 모정휴게소였다. 이것을 고쳐 사진문화관으로 변경을 했고, 이후 틈틈이 시간 나는 대로 전시를 열었다. 문화관에 걸려 있는 사진들은 방문하기 전 예상했던 그대로다. 이주하거나 철거하는 과정에서 벌어지는 험악한 광경, 눈물로 달래는 이별의 아픔, 수몰민들이 그리워할 고향의 모습이 생생하게 담겨 있다. 농부의 일상사와 마을 산천과 집, 물장구 놀이하던 냇가와 동네앞 들녘, 낡았지만 정겨운 마을회관과 오랜 세월 풍파를 견딘 당산나무 등이 이제는 자리를 옮겨 이곳에 터전을 자리하고 있는 것이다.

이제 그들은 사라졌고 그 장소, 그 시간은 추억과 기억이 됐지만 용담호 사진문화관에서는 기억과 추억이란 말이 무색할 정도로 과거로 달려간다. 과거의 기억을 통해 현재를 반영하고 과거의 추억을 통해 미래를 엿볼 수 있으니 용담호 사진문화관이 외롭게 홀로 버티고 있는 이유다.

회안대군 묘역에서

1.
전주길 드나들땐
어느 하루 틈내여
저 건너 바라뵈는
회안대군 묘역을
살피리
맘먹었던 일
이제야
성사련가

2.
한 마을 안에 들어
담장 돌며 찾는 길도
중늙은이 한 분에게
거우 얻어 듣고야
대군의
덩실한 무덤 앞에
두발 밀어
들었다

3.
아다싶이 회안대군은
태조대왕 사남으로
이른바 왕자의 난에
얽히고 설키어
끝내는
바로 이곳에 묻혀
솔바람 속
쉬시는가

4.
전주시내 금상동
범수뫼마을
다시금 대군 묘역
뒤돌아보며
옛날의
흥망성쇠를
되짚어
읽네

전북유형문화제 제123호로 부인 김포금씨와 함께 앞뒤로 놓여 있는 형태다. 주변에는 잣나무가 숲을 이루고 있으며 묘 아래 오른쪽에는 회안대군 비석이 있다.

이 묘가 일반적인 부부묘와 다른 점은 부인묘가 앞에 있으며, 묘가 위치한 곳도 완만한 산세에 자리잡은 데다 묘의 아랫부분을 대리석으로 테두리를 만들어 미관상 안정감을 주고 있다.

회안대군은 조선 태조 넷째 아들로 이방원의 바로 위 형인 이방간이다. 조선 건국과 함께 제1차 왕자의 난에서 정도전 일파를 제거하는 공적을 세워 개국공신 및 정사공신으로 책훈됐다. 하지만 그 이후 신하의 거짓을 믿고 다시 군사를 일으켜 이방원을 공격

하는 제2차 왕자의 난을 일으켰으나 패하고 말았다. 이후 겨우 목숨을 부지한 채 살아가다 병에 걸려 사망하게 된다. 그래서 그런지 왕족의 묘라 부르기엔 화려하지 않고 오히려 초라한 형태를 지니고 있다. 하지만 묘가 위치한 곳은 우리나라에서 대표적으로 손꼽히는 음택 명당으로 대대군왕지지(代代君王之地)라 해 오래 전부터 많은 사람들의 관심을 자아내고 있다. 전북지역에서 풍수지리를 연구하는 사람들에게 아주 유명한 곳이 될 정도다.

재미있는 사실은 태종이 된 이방원은 회안대군의 후손들이 난을 일으키거나 왕위에 앉게 될 것을 두려워한 나머지 묘가 있는 터에 뜸을 떠 흐르는 맥을 끊었다고 한다. 그 끊어진 곳은 '산맥을 끊은 흔적'이란 팻말이 표시돼 있다. 이후 무학대사는 뜸뜬 자리는 500년이나 지나야 이곳에 풀이 나고 인물이 나올 것이라 말해 그때서야 태종이 안심했다는 일화도 전해진다. 어찌됐든 이후 회안대군의 후손들이 난을 일으키거나 왕위에 앉지 않았으니 태종의 예방책이 효과가 있다는 생각도 든다.

묘를 뒤로 한 채 내려오는 길엔 갖가지 생각이 든다. 한때는 조선왕조를 호령했을 위치에 있었건만 권력 다툼에 패하면서 비참한 말년을 보내게 된다. 권력은 나눌 수 없다고 하지 않았던가. 동생 이방원에 가려 역사적으로도 잘 알려지지 않은 회안대군은 불운의 대군임에 틀림없다. 동생에게 쫓겨 유배지를 전전하다 죽어서도 자신의 묘 근처의 혈자리가 끊기는 운명이 야속하기만 하다. 역사엔 만약이 없지만 만약 이방간이 이방원을 이겼다면 그는 조선의 왕이 됐을 뿐 아니라 이곳도 묘가 아니라 능이 됐을 거란 생각도 든다. 이런 의미에서 사람 인생이란 종이 한 장 차이로 바뀔 수 있다는 말이 새삼 뼈저리게 느껴진다.

구억리 길

1.
완주군 구억리
일대에 들면 백년도 더 넘은
옛 비가비 명창
권삼득
이야기를 입마다
입에 올려
자랑이다

2.
뒷날 고창읍
음률 밝은 신재효도
권삼득 일컬어
8명창 말하였고
장기는
거드럭거리는
설렁제란
평이었다

3.
문중 축출까지
당하며 겪은
경륜도 넘친
비가비로서야
판소리
소리마당마다
꿀릴 것이
있으랴

4.
구억리 뒷산
무덤도 찾아 보고
되돌아 오는 길
귓결 스치는
권삼득
더늠의 독특한
소리 소리
소리

　매일 출근하는 길이 권삼득로다. 권삼득로는 명창 권삼득의 이름을 따 명명됐으며, 전주고등학교 앞에서 덕진동 호반촌까지 이어지는 길이다. 명창 권삼득과 인연이 있을 거란 막연한 생각만 하던 차였다. 또 전북도립국악원 앞에 권삼득 기념비도 있으니 별다른 의구심을 가지지 않았다. 하지만 최근에야 알게 됐다. 권삼득로는 명창 권삼득과 어떤 연관도 없음을 말이다. 단지 국악원 앞에 기념비가 있다는 이유로 도로명이 부여됐음도 알게 됐다. 알려지다시피 명창 권삼득은 완주군 구억리 출신이다. 조선시대 정조, 순조 때 활약한 판소리 8명창 중 한 사람으로 통한다. 양반 집안 출신으로 소리공부를 하다

집에서 쫓겨난 일화가 있다. 누구에게 소리를 배웠는지 정확한 계보는 전해지지 않지만 판소리 '설렁제'란 특이한 소리제를 낸 것으로 유명하다. 이 소리는 높고 길게 질러 내는 것으로 매우 씩씩하고 경쾌한 느낌을 준다. 무가(舞歌) 계열이 하는 소리를 양반이 하니 그를 가르쳐 비가비 명창이란 칭호도 얻게 된다.

생가터는 깨끗하게 보존돼 있다. 생가터 옆엔 '권삼득 생가터 보존위원회'란 팻말도 볼 수 있으니 따로 관리하는 사람이 있는 것으로 여겨진다. 생가터 안내문엔 '조선후기 판소리 대명창인 권삼득 선생이 태어난 마을이다. 사람, 새, 짐승의 세 소리를 터득했다 해 삼득이라 불리었으며 본명은 정이다. 양반출신 광대로 새타령을 하면 숲 속의 새가 날아다녔다는 이야기도 전해진다'는 글귀를 볼 수 있다.

뒷산으로 오르면 권삼득 명창의 묘와 소리굴을 만날 수 있다. 어린 시절 소리연습을 했다는 조그만 굴인데 한 사람이 들어 앉을 정도의 규모다. 명창은 이 곳 뿐 아니라 소양면의 위봉폭포나 남원 육모정 등에서 소리연습을 했다고 한다. 조금만 더 오르면 권삼득 명창 묘가 나온다. 정갈하게 정리된 묘 앞엔 묘 주인을 알리는 비석이 서 있다. 묘비에는 '소리가 좋아 소리를 위해 태어난 인생이라 양반도 싫고 벼슬도 싫어 오직 소리와 더불어 살다 간 비가비 권삼득 명창, 한많은 세상 맺히고 서리 애환 접어두고 여기 고이 쉬나니'라 적혀있다. 그의 이름에서 알 수 있듯이 세 가지 소리를 득음할 때까지 얼마나 많은 고생을 했으며, 양반 출신으로 소리를 하는 것에 대한 사람들의 시선을 어떻게 견디고 살았는지 애석한 마음이 든다. 죽은 지 3일 후부터 권삼득의 소리가 들리고 그 소리가 밤새 메아리 쳤다는 설화를 볼 때 소리에 대한 그의 사랑과 애정이 얼마나 컸는지 어렴풋이 짐작만 할 정도다.

가람시비 앞에서

1.
전주천 천변 지난
자그마한 동산 위
-가람시비 바로
바로 여기런데
자주 와
살피려 해도
지척이
천리였어

2.
오늘 따라 문득
스승님 생각에
단장 깊은 채로
허위단심 올라온 길
등줄기
바루어 선채
깊은 숨을
내어 쉬네

3.
전북대는 바로 북쪽
양사재 바로 동쪽
두리번두리번
되살펴 보아도
명당이
따로 있을까
이 자리
명당일레

4.
비면의 시행
오늘 다시 살펴도
다시 살펴
따부락따부락
스승님
한생전 생각
오직 시작
이셨네

신발이 닳아질 것처럼 자주 찾은 곳이 있었다. 다가공원이다. 중학교 까까머리 시절, 인근에 사는 친구 덕에 주말이면 이곳을 찾아 뛰놀았다. 그때는 다가공원이 어떤 곳인지 알 턱이 없던 시절이었다. 중학교를 졸업한 후 수십 년 동안 지척에 두고 멀리 했다. 관심이 없다는 것이 정답일 게다. 오랜 만에 찾은 다가공원은 옛 모습 그대로다. 변한 것 없이 오랜만에 찾은 방문자의 발걸음을 환영한다.

다가공원은 전주팔경 중 하나다. 예로부터 수목이 울창해 '다가사후(多佳射帿)에는 천변 물이랑을 끽도 백설 같이 날리는 이팝나무 꽃 속에 과녁판을 겨루는 한량들의 풍경'

이라고 일컬었다. 바로 옆 천양정의 모습이다. 오랜 만에 찾은 날도 서너 명의 궁사들이 활쏘기에 여념이 없다. 지금은 양궁에 밀려 국궁이 다소 위축된 분위기지만 조선시대 무과급제시험에도 등장했고 전주대사습놀이에도 당당하게 한 자리를 차지한 때도 있었다.

높지 않은 동산을 가벼운 발걸음으로 오르면 가람 시비가 먼저 눈에 들어온다. 시비엔 '좁은 가슴 안에 나날이 돋는 시름, (중략) 외로이 앉아 못내 초조하노라' 글귀가 새겨져 있다. 담담한 어조 속에 암담한 시대 상황이 느껴진다.

그도 그럴 것이 다가공원은 일제강점기, 어두운 역사를 가지고 있다. 1914년 일본은 서문 밖을 잘 조망할 수 있는 다가공원 정상에 신사를 건립했다. 내선일체와 황민화 정책을 위해 건립된 신사는 1만1,880여 평의 땅을 강제 기부 받아 완공됐다. 1935년엔 조선 백성들에게 신사참배를 강요하기도 했고, 이를 거부한 신흥학교와 기전학교는 1937년 폐교되는 아픔을 겪기도 했다. 그래서인지 다가공원엔 조국의 혼과 충효를 강조하는 탑이 많다. 호국지사 충령비와 호국영령탑은 6.25 전쟁 때 희생당한 호국 충령의 넋을 기리기 위해 조성됐고, '호남산야의 수만 호국충령들이 빛나는 해와 달, 별 더불어 우리를 비추리라'란 글귀로 후손들의 귀감을 자아내고 있는 것이다. 글귀를 곱씹어보며 시선을 올리니 전주시내 전경이 눈에 들어온다. 울창한 나무 사이로 환하게 보이는 것은 아니지만 가지 사이로 보이는 전주의 모습은 평온 그 자체다. 아무 생각 없이 가볍게 오른 다가공원에 이토록 많은 사연을 숨겨져 있다니, 내려오는 발걸음이 가볍지만은 않다. 지적에 있으면서도 관심을 갖지 못했던 이곳이 이제는 자주 찾아야 할 곳으로 변경됐다고 할까. 애틋하고 가슴 한 켠이 무거워짐을 느낀다.

동학농민혁명기념관
-이야기

1.
선 듯 우러르다
다시 바라본다
동학농민혁명
기념관.
어느제
이 큰 건물이
이 고개에
섰는가

2.
천 구백 육십년대
중반이었지
동학혁명기념탑
건립위원장
맡으신
스승 가람 모시고
황토현 이곳
왔었지

3.
엊그제만 같은데
반세기도 흘렀는가
이 자리 기념관
이천 사년 주추이거니
이 또한
사년 전 아닌가
세월 참
빠르이

4.
동학농민혁명
이 기념관이
바로 이 자리에
드높이 선 것은
5공의
사려 깊은 뜻도
서리서리
서렸다네

1894년은 민초들의 힘을 보여주던 때였다. 억압과 부패를 더 이상 견디지 못한 농민들이 일어난 것이다. 동학농민혁명이다. 황토현은 동학농민군이 최초로 승리를 거두고 반외세, 반부패, 반봉건의 기치를 높인 든 곳이다. 이곳에 동학농민혁명기념관이 들어섰다. 2004년에 조성됐으니 동학농민혁명이 일어난 지 110년만이다.

기념관을 들어서면 로비에 나무 한 그루가 눈에 들어온다. 뿌리와 밑기둥만 남아있는 나무가 왜 이곳에 있을까 궁금하던 찰나 설명서를 보니 이해가 간다. 당초 이 나무는 말

목장터(현 정읍시 이평면 소재지)에 있던 감나무였다. 1894년 전봉준은 이 나무 밑에서 고부군수 조병갑의 탐학과 비행을 일일이 열거하며 동학혁명 봉기의 당위성과 목적을 밝혔다고 한다. 그러니까 이 나무가 바로 동학혁명 시발점이 된 중요한 역사적 한 자락을 담고 있는 것이다. 이 나무는 150여 년 동안 세월의 세파를 견디다 2003년 태풍으로 넘어지게 됐다. 이후 기념관은 이 감나무의 보존을 위해 관련 처리를 한 후 이곳으로 옮겨 전시를 하고 있다.

기념관은 동학혁명 때 농민군과 관군이 사용했던 무기들을 비롯해 당시 생활자료, 서화, 종교서적 등이 전시되고 있다. 특히 각종 유물들을 혁명 전개과정에 따라 시대별, 장소별로 재구성해 다소 복잡할 수 있는 동학혁명을 일목요연하게 이해할 수 있다.

기념관 건너편엔 구 기념관이 있다. 현대식으로 만들어진 신 기념관에 비해 구 기념관은 한옥으로 구성돼 있다. 구 기념관이 있던 자리가 바로 황토현 전적지다. 이곳은 우리 역사상 가장 위대했던 민중항쟁인 동학농민혁명의 발상지로, 관군과 첫 싸움에서 크게 승리한 싸움터다. 구 기념관 안에는 다양한 한옥 건물이 기념관으로 운영되고 있으며, 제일 깊은 곳에 전봉준 장군상이 있다. 민주, 자주, 평등을 기치로 내걸고 새로운 세계를 만들기 위한 전봉준의 뜻은 결국 실패로 끝나고 말았지만 그 뒤 우리의 독립운동과 민주화에 큰 영향을 끼친 것은 부인할 수 없는 사실이다.

요즘 대한민국이 시끄럽다. 비선실세라 불리는 사람들이 나라꼴을 엉망진창으로 만들고 있기 때문이다. 미개국가라 부르는 외국의 시선을 생각할 때마다 창피하기 그지없다. 쥐구멍이라도 있다면 들어가고 싶은 심정이다. 전봉준 장군이 목숨을 내놓은 채 농민들과 함께 거사를 일으킨 이유를 요즘 추세에서 찾는다면 너무나 비약일까. 하지만 추운 날씨에도 불구하고 촛불 하나에 의지한 채 거리에 몰려든 사람들, 특히 중고등학생들을 볼 때마다 역사는 민초들의 의해 움직임을 당당하게 알려주고 싶다. 대한민국은 일부 몇몇 사람들의 나라가 아님을 분명이 알아야 한다. 동학혁명 당시 조병갑의 비참한 최후가 남의 일이 아님을 이번 기회를 통해 전해주고 싶다.

매창공원에서

1.
공원 안 들어서자
떠오르는 이야기
북에는 황진이
남에는 이매창
조선조
중기로부터
전해 오던
말이었지

2.
스승 가람께선
〈매창뜸〉 강의에는
시와 거문고에 능한
명기일 뿐 아니라
유희경의
정인이었다는
말씀도
하셨다

3.
석정 선생과는
옹서간인 관계로
한시 〈매창집〉의
대역본을 내실 때
교정 일
도와드리며
살펴보군
하였지

4.
매창공원 둘러보고
돌아나오는 길은
이화우 흩날리는
어린봄 아닌
늦가을
해질녘의 스산한
잎지는
소리

조선 중기 황해도 개성에 황진이가 있다면 전북 부안엔 이매창이 있었다. 이들은 시조와 한시, 가무와 거문고 등에 능해 조선 명기의 쌍벽을 이뤘다. 이매창은 작품집 '매창집'을 통해 시조와 한시 58수를 남겼고, 당대 최고 시인이었던 유희경과 나눈 사랑 이야기도 가슴 절절하게 전해온다. 또 당대 최고의 문호였던 허균과도 깊은 교분을 가진 것으로 전해진다.

부안이 아전이었던 아버지를 둔 매창은 1573년에 태어났지만 아버지가 돌아간 후 기생신분이 됐다고 전해진다. 1610년 세상을 떠났으니 37세란 길지 않은 생을 산 셈이다.

그가 죽은 후 수십 년 뒤에 부안 사람들의 매창을 기리는 묘비를 세웠고, 매창이뜸이라 불리는 공동묘역은 현재 매창공원으로 다시 태어나 시민들의 사랑을 받고 있다.

매창공원은 아담한 규모다. 매창공원을 알리는 커다란 기념석을 뒤로 한 채 한 바퀴 둘러보면 매창의 시가 적힌 돌들이 여기저기 서 있다. 한 수 한 수 곱씹으며 걷다보면 어느새 매창의 묘에 다다른다. 아담한 규모다. 생전 보여줬던 매창의 화려한 몸동작과 멋진 시 한 수에 비하면 소박한 형태다. 시대를 달리 세웠던 비석만이 매창의 묘임을 알리고 있을 뿐이다.

이화우 흩날리제 울며 잡고 이별한 님
추풍낙엽에 저도 날 생각는가
천리에 외로운 꿈만 오락가락 하노라

매창의 대표적 시 '이화우'다. 임진왜란으로 헤어진 정인 유희경을 그리워하면 쓴 시다. 당시로선 대접받지 못한 기생의 신분이었지만 단 한 사람의 정인만을 그리워하며 생을 마감했을 매창의 아픈 가슴을 느낄 것 같다. 북쪽을 향한 그녀의 눈빛과 그녀의 볼을 타고 지나갔을 부안의 한 줄기 바람은 수백 년이 지났음에도 불구하고 예전 그대로다.

매창을 이야기할 때엔 부안 개암사를 빼놓을 수 없다. 매창은 생전에 이 절을 자주 찾았다고 한다. 지금이야 자동차로 몇 분 거리지만 그 옛날에 이곳을 찾기 위해선 지극한 정성이 필요했을 게다. 개암사는 '매창집' 목판본을 발행한 사찰이다. 하지만 당시 목판은 모두 불에 타 버렸고, 단 두 권만이 전해진다. 현재 간송미술관과 하버드대 도서관에 보관돼 있다고 한다.

이곳을 자주 찾은 이유는 아마 정인 유희경에 대한 그리움 때문인 것으로 알려진다. 밀회를 즐겼던 곳이 인근 내소사였고, 애타게 그리워했던 곳이 개암사인 셈이다.

시인 신석정은 그를 부안삼절이라 불렀다. 황진이는 스스로 자신을 송도삼절이라 했지만 매창은 죽은 지 300년이 흘러 후손들에 의해 명명됐다.

타고난 재능을 불태우지 못한 채 신분에 묶여 한 남자의 사랑까지도 얻지 못한 매창의 마음이 아직까지도 이 곳 부안 매창공원에 남아 있는듯 하다.

마중물 갤러리

1.
뒤늦게 알게 된
마중물갤러리를 찾았다
이름부터가
색다르고 재미있다
지난날
펌프 물 긷던
옛 생각도
사려든다

2.
마중물갤러리는
터널 속을 꾸몄다
길이는 전장
225미터
천정을
조명한 불빛이
은은하고
정겹다

3.
마중물갤러리의
먼 앞날 그리자면
오늘보다 더
앞날 꾸릴 일
이계옥
대표 일이래도
서로 도울 일
없을까

4.
갤러리 나와
기지개 켜자
산색 아롱다롱
눈앞 다가드네
이 고장
명소 갤러리로
앞날 더욱
빛부시라

여자의 변신만 무죄인가.

아니다.

폐산업시설, 유휴공간의 변신이 눈길을 끌고 있다. 최근 전국적으로 일고 있는 현상이
다. 과거 양수발전소 작업터널이었던 무주의 와인터널은 전국적 명소로 급부상할 만큼
멋진 변신을 꾀했다. 전주 팔복동 카세트테이프를 만들던 옛 공장도 변신의 옷을 입고
있으며, 완주군 구 잠종잠도 어떤 모습으로 우리에게 찾아올 것인지 벌써부터 호기심을
불러일으킨다.

　오늘 주인공은 마중물갤러리다. 이곳은 더 이상 사용하지 않던 기차터널의 변신이다. 전라선 복선화 사업이 진행되면서 새로운 기찻길이 놓이게 됐고 구 신리터널은 더 이상 기차가 다니지 않는 곳이 됐다. 신포역이 주민들과 소통하는 문화공간이 됐고, 아중역이 레일바이크의 거점이 됐지만 폐 터널이 새 용도로 사용되는 것은 전북에서 이번이 처음이다. 갤러리는 겉모습부터 남다르다. 철도 터널을 개조하다 보니 환상 속 동굴로 들어가는 느낌이다. 엔간한 정성이 없다면 흉한 터널이 이렇게 변신하기 힘들거란 생각이 들 정도다. 천장과 벽면엔 알록달록 LED와 다양한 그림이 걸려 있으며, 들어가면 들어갈수록 멋진 작품들이 방문자를 맞고 있다. 225m에 달하는 터널이 와인바, 갤러리, 세미나실, 작가공방 등으로 꾸며졌다. 갤러리 이름인 마중물은 펌프에서 물이 잘 나오지 않을 때 물을 끌어올리기 위해 위에서 붓는 한 바가지 물을 뜻한다. 이 갤러리를 통해 전북지역 문화예술계의 마중물 역할을 하겠다는 주인장의 소망을 엿볼 수 있는 대목이다.

　문을 여니 입소문이 퍼지면서 전국 단위 관람객들이 찾고 있다. 가족단위 관람객을 비롯해 수학여행단의 필수코스로 자리 잡고 있는 것이다. 거창한 수익이 발생하는 것은 아니지만 사람들의 이목을 끈 것을 보면 절반의 성공은 한 셈이다.

　이뿐 만이 아니다. 갤러리 주인장은 이곳을 조성하다 뜻밖의 보물을 얻었다. 터널 입구를 공사하던 중 큰 바위에 새겨진 글씨를 발견한 것이다. 자세히 들여다보니 전라도 관찰사를 역임했던 이들의 공적이 새겨진 바위였다. 일부는 해석이 가능해 별도로 안내문을 만들기도 했지만 일부는 아직도 지하에 묻혀 있다.

　갤러리 한 쪽에는 다음과 같은 글귀가 걸려있다.

　'무모하게 뛰어들 수 있었던 것은 무지 때문이다. 알고서는 행하지 못했을 거다'

　갤러리를 조성하던 주인장의 노고가 듬뿍 담긴 글귀다. 갤러리를 조성하는 게 이렇게 어려울 줄 알았다면 애초 시작도 하지 않았을 것이란 후회 아닌 후회가 담긴 말이다. 하지만 이왕 시작한 것. 누구에게나 사랑받는 갤러리로 자리잡고 싶다는 소망을 숨기지 않는다. 빛과 소금이 돼 의미 있는 만남과 기억에 남는 장소가 되고 싶다는 주인장의 말을 뒤로 한 채 그의 소망이 이뤄지길 기원하는 바다.

두동교회에서

1.
익산 성당면 두동리
이곳을 찾게 된 것은
산이 둘러싼
두동이란 이름 보다
자자한
두동교회의
명성 때문
이었어

2.
교회의 창립은
천구백 이십구년
백이십여 년 전의
일이 아닐런가
갑오년
갑오경쟁에서도
몇 몇 해
지났는가

3.
두동교회는 이제도
남녀 유별 챙기어
부동석의 미덕
깍듯이도 챙기어
자리도
예배의 자리도
따로 한다는
얘기

4.
몇 몇 남녀 교인들
때가 됐다며
식사하고 가라는
권이었지만
백년 남
천상송 우러러 보고
이내 발길
돌렸네

익산 미륵사를 넘어 얼마나 달렸을까. 넓은 평야지대를 지나자 조그만 마을이 나온다. 두동교회가 있는 두동마을이다. 이렇게 깊은 곳에 웬 교회일까 생각이 들지만 신앙생활을 하는 사람들에겐 별다른 문제가 되지 않을 법하다.

교회는 1923년 처음 만들어졌지만 현재 모습은 1929년 다듬어졌다. 당시 조성된 다른 교회처럼 'ㄱ'자 형태에 함석지붕을 얹은 한옥형태 모습이다. 김제시 금산면에 위치한 금산교회와 더불어 전북에서 유일한 'ㄱ'자형 건물이다.

내부에 들어가면 'ㄱ'자 형태로 조성된 이유를 알 수 있다. 남녀칠세부동석이란 옛 전

통을 지키기 위해 내부는 남녀 신도가 서로 볼 수 없이 배치됐고, 두 축이 만나는 지점에 강단이 설치됐다. 당시 개신교가 급속하게 전파되던 시점이라 우리의 전통을 버리지 않고 자연스럽게 토착화되길 바라는 마음을 엿볼 수 있다. 이른바 네비우스 선교정책이다. 재미있는 사실은 1920년 당시는 남녀유별 전통이 무너져가는 시점인데 오히려 교회는 이 전통을 고수하려 했다는 것이다.

또 하나 재미있는 사실은 교회 내부에 비밀공간이 있다는 것이다. 방문 당시 알 수는 없었지만 자료를 찾아보니 내부 바닥에 밑으로 통하는 공간이 두 개가 있다. 일제 강점기 예배를 보다 일본 경찰이 급습하면 숨기 위해 마련한 비밀공간인 셈이다.

교회 외부엔 교회 역사보다 훨씬 오래된 듯한 소나무가 멋있게 서 있고 바로 옆엔 종탑이 눈에 들어온다. 종탑의 종은 두 번째 종이다. 첫 번째 종은 일본 전쟁 때 사라졌고, 현재의 종은 2007년 '종탑 복원사업'에 의해 다시 만들어졌다. 지금도 예배시간이 되면 어김없이 울려 퍼지게 되고, 종소리를 듣고 싶은 관광객은 언제든지 줄만 당기면 된다. 하지만 너무 오래 당기면 신도들에게 방해가 되므로 2, 3차례 울리는 것으로 만족해야 한다.

교회 바로 옆에는 새로 증축된 커다란 신 본관건물이 있으며 현재는 이곳에서 예배가 진행되고 있다. 때문에 구 본관은 사용을 하지 않지만 반질반질 윤이 나는 바닥을 보면 금방이라도 예배가 끝난 듯 친근감이 든다. 한국기독교 사적 제4호이면서 전북 지방문화재 제179호로 한국기독교 전파 과정의 이해와 교회 건축연구에 매우 중요한 의미를 담고 있다.

다시 장수산천에서

1.
남원 장수는
바로 지석인데
이 산천 첫대면은
언제 였던가
천구백
팔십 사년을
꼽작꼽작
챙겨보네

2.
저때엔 동호 시인도
생전이어서
관내의 여기저기
들려주는 이야기에
그래서
그래서 하며 걸음마다
장수 산천
정이었어

3.
천오백 구십 이년
저 난리 통에서도
선비 정경손은
장수향교 지켜 냈고
조종명
현감의 통인은
〈타루비〉로
그림 받네

4.
장수 심절 얘기들
오늘에 되짚어도
애틋하여라
삼삼한 그리움
흐뭇한
이 하룻길의
가시잖는
여운이여

　논개사당과 더불어 장수의 자랑거리가 있으니 장수향교다. 국내에서 가장 오래된 향교로 알려진 이곳은 오랜 세월 이 자리를 지켜왔다. 은행잎이 한창 물들 시점에 찾았으면 하는 아쉬움도 있지만 고즈넉한 건물에는 당시 선비들의 여유와 품격을 느낄 수 있다.

　장수향교는 태종 7년인 1407년 만들어졌다. 당초 건립된 곳은 땅이 습한 곳으로 숙종 12년인 1686년 지금의 장소로 이전됐다. 기록에 의하면 국내 향교는 234개가 있으며 장수와 나주, 강릉향교가 오래된 역사를 자랑한다. 이중 나주와 강릉은 절반 정도 전소되었다가 복원되었지만 장수향교는 원형 그대로다. 그래서인지 대성전은 현재 보물로 지

정돼 있다.

국내에서 가장 오래된 향교란 타이틀에는 향교지기인 정경손이란 인물을 빼놓을 수 없다. 정경손은 왜병들이 향교에 침입하려 하자 문 앞에 앉아 왜적들을 향해 '내 목을 먼저 베고 들어가라' 호통을 쳤다. 이런 당당한 기개에 감복한 왜적은 '성전을 침범하지 말라(本城域勿犯)'란 글을 써줬다고 한다. 이후 장수향교는 정유재란 같은 시기에도 왜적의 침략을 받지 않고 처음 지어질 때 모습이 그대로 간직돼 왔다. 국내에서 가장 오래된 향교란 이름을 얻을 수 있는 이유다. 이런 이유로 장수향교 한켠에는 충복 정경손을 기리는 비석 '정축복비'가 있다. 정유재란 때 장수향교를 지킨 공이 인정돼 헌종 12년인 1846년 장수현감이 세운 것이다.

장수의 또 다른 명소는 타루비다. 타루(墮淚)는 눈물을 흘리다란 뜻으로 다음과 같은 사연이 숨겨져 있다. 1678년 장수현감이 말을 타고 전라감영을 가던 길에 이곳을 지나다 꿩 소리에 놀라 말에서 떨어져 절벽 밑 연못에서 죽게 된다. 이를 수행하던 백씨가 손가락을 깨물어 벼랑 위 암벽에 말과 꿩을 그리고 타루란 글자를 쓴 다음 현감을 따라 투신했다. 백씨의 의리와 절개에 감탄한 후임 현감이 1802년 비석과 비각을 세워 타루비라 칭했는데, 기이한 일은 나라에 이변이 생길 때 타루비에서 눈물 같은 물이 흐른다고 한다. 실제 1910년 일본에 합방될 때 사흘 동안 눈물이 나왔고, 1950년 한국전쟁 발발 바로 전에도 여러 날 눈물이 흘렀다고 한다. 장수에서는 논개와 장수향교의 정경손 그리고 타루비의 주인공 백씨를 일컬어 장수 3절이라 부른다.

계화도 계양사에서

1.
계화도 간척지 길
좌우로 툭 트인 길
왼편도 오른편도
장히 헤넓은 들
계화도
계양사 찾아
얼마 길을
달렸는가

2.
계양사 길은
간재 전우 선생
가슴 속 우러르며
달려 달려온 길
숨 돌려
간재 선생 제자들
면면도
우러르네

3.
나의 할아버지께
고은〈古隱〉의 호까지 내린
간재 이시거니
오늘에 우러러
만감이
밀어드는 길
두 눈 잠시
감아보네

4.
간재 선생 남기신 저서
일백 책 헤아리거니
학문의 길
형극의 길임을
이제야
깨쳐 깨닫다니
자괴로울
뿐이네

　디지털 카메라가 보급되면서 계화도 이른 아침은 붐비는 사람들로 가득하다. 계화교 바로 앞에 일렬로 서 있는 소나무 사이로 떠오르는 태양을 담기 위해서다. 계화도는 이름 그대로 변산반도 북쪽에 위치한 섬이었다. 1963년부터 68년까지 방조제가 조성이 되면서 육지화되었고, 주변의 간석지는 2,741h에 이르는 농경지로 변화됐다. 때문에 일반 사람들에게 계화도는 대규모 쌀이 생산되는 곳이란 인식이 강했다. 바다를 막아 생산된 쌀이 맛이 좋아 '계화미'는 최고의 쌀로 인정받고 있는 것이다.

　하지만 이곳은 쌀뿐 아니라 조선말 마지막 유학자 간재 선생의 흔적이 남아있는 곳이다. 나라가 어지러워지자 간재 선생은 1912년 이곳으로 자리를 옮겼다. 이이와 송시열의

사상과 학풍을 숭상했던 간재 선생은 여러 관직을 물리치고 계화도에서 제자들과 함께 말년을 보냈다.

간재 선생은 성리학의 대가인 임헌희의 제자로, 1910년 나라의 주권이 일본에 넘어가자 울분을 참지 못한 채 계화도에 들어와 후학양성과 항일정신 고취에 힘썼다. 그가 학생들과 학문을 토론하면서 사용됐던 강당 '계화재'와 위패를 모신 '계양사'가 현재까지 남아 있다. 특히 계양사는 간재 선생이 세상을 뜬 지 11년 뒤인 1933년 제자들이 십시일반 기금을 모아 만든 것으로 알려진다. 계화재와 계양사를 포함한 이곳을 간재 선생 유지라 불리며 전북 기념물 제23호로 지정됐다.

오랜 만에 찾은 이곳은 공사에 한창이다. 정문은 닫혀있고 옆 골목길을 통해서 간신히 들어갈 수 있었다. 공사가 진행 중인 흔적들이 여기저기 흩어져 있고, 쌀쌀한 날씨 탓에 외롭게 서있는 건물들까지 을씨년스럽게 느껴진다.

지금에야 자동차로 쉽게 들어갈 수 있는 곳이지만 간재 선생이 찾았을 무렵엔 배를 이용해야 했다. 국운이 다함을 한탄한 채 을사 5적을 없애라는 수없는 상소문을 올렸음에도 불구하고 뜻을 이루지 못한 채 외롭게 이 섬을 찾은 간재 선생의 맘을 헤아려 본다. 간재 선생이 계화도에 머문다는 소문이 퍼지자 전국의 수많은 선비들이 이곳을 찾아 제자를 자청했다고 하니 당시 그의 학문과 고고한 선비정신을 느낄 수 있을 법하다.

채만식 문학관에서

1.
그간 마음 같이
오르지 못한 길
채만식 문학관
찾아 길을 나섰다
길이야
전주에서는 고작
한 시간 길
아닌가

2.
채옹 채만식
선생과의 첫 인연은
〈채만식단편집〉(1939)
문고본이었다
수록된
작품은 여덟 편
노다지를 캔
기쁨이었다

3.
이후 나는 선생의
장편소설의 재미 보다
'불가음주 단연불가'
같은 짧은 수필에서
채옹의
저 해학적인 글맛을
느끼곤
하였다

4.
채만식문학관
잘 둘러보고 나오는 길
천 구백 삼십년대
친일 문인들 표시에
채옹을
들어 말한 것은
하나 알고 둘 모르는
격이었어

군산시 금강하구댐을 찾으면 유유하게 흐르는 금강 하류를 만나게 된다. 황해로 흘러들어가는 물답게 탁하다. 그래서일까. 탁류로 유명한 채만식 작가의 문학관도 이곳에 있다.

'에둘러 흐르고 흘러 황해바다에 닿은 곳 바로 이곳이 군산이라는 항구요'(1937년 작품 중)

일제 강점기 군산을 배경으로 혼탁한 사회현상을 표현한 장편소설 '탁류'는 문학관 바로 앞에 흐르는 금강의 혼탁한 물줄기를 상징화된 작품이기도 하다.

문학관 건물외형은 항구 도시 군산을 연상케 한다. 부두에 정박하고 있는 선박의 모습을 띠고 있는 것이다. '문학의 배'라 불리는 문학관은 지난 2001년 건립됐다. 우리 지역

출신 채만식 작가를 기리기 위해 만들어진 것으로, 1950년 49세 나이로 세상을 떠날 때까지 가난과 질병, 불행한 삶의 고통 속에서도 좌절하지 않고 활발한 창작활동을 펼쳤다. 소설, 수필, 희곡, 동화 등 채만식 작가가 남긴 작품은 1,000여 편이 넘는다.

또 작가는 문학을 통해 근대 역사의 암울하고 부정적인 현상들을 돌이켜보면서 현재를 살아가는 후손들의 삶의 좀 더 소중한 의미를 부여하고 있다.

문학관 내부는 채만식 작가와 관련된 글과 작품들을 만날 수 있다. 이 중 눈에 띄는 글이 있으니 친일작가에 대한 논란의 글이다. 채만식 작가는 2002년 민족문제연구소가 발표한 '42인의 친일작가'에 포함된 인물이다. 당시 일본은 문학 작가들을 탄압해 군국주의 신민지 정책의 정당성과 천황을 받들어 충성하는 황국신민화 정책을 옹호하는 글을 쓰게 했다. 많은 문학작가와 예술인들이 자의든 타의든 친일의 길을 걸었다. 채만식 작가 역시 감옥에 갇혀 모진 고문에 시달리다 결국 일제의 회유와 압력을 이기지 못하고 친일작가의 길을 선택하게 된다.

하지만 해방 이후 작가는 자전적 소설 '민족의 죄인'을 통해 친일에 대한 성찰과 반성을 하게 된다.

'본심은 아니었지만 겉으로 복종이나 하는 양서류 같은 존재였고, 일본인 발밑에서 개만도 못한 짓을 했다. 민족의 죄인이라 욕해도 할 수 없다며 먹고 살기 위해 한 일이다'

작가의 고백이다. 친일에 대한 자신을 정당화했다는 주장도 있지만 생계를 위해 펜을 꺾을 수밖에 없었던 작가의 고민과 번뇌도 엿볼 수 있다. 해방 이후 자신의 친일에 대해 정당화나 합리화를 했던 작가들에 비하면 채만식 작가는 자신의 친일에 스스로 매질을 하면서 친일에 대한 반성을 했던 것이다. 자신의 과오를 진정성 있게 반성하고 용서를 구하는 채만식 작가. 돌을 던질 이 얼마나 있을까 생각을 하며 문학관을 나왔다.

진안 역사박물관

1.
진안 고을 들자
내사양길 대 위에
'진안역사박물관'
덩그렇게 자리했네
두 눈 앞
활연히 트여
헤넓기도
하구나

2.
박물관 위 아래 층
이리 돌고 저리 돌며
옛 유물이며
내림 역사 살펴보고
문밖을
나서자 선 듯
마이산이
품에 든다

3.
마이산 마이산을
이리도 가까이
가슴하여 품한 적이
그 언제 있었던가
진안 골
명물 보화는
이 아닌가
싶더이

4.
마이산 이 품안엔
명춘을 기다려
'가위박물관'도
새 명물 이루리란다
찰그락
찰그랑소리
골 안 홍도
돌우리

　당초 목적지는 진안역사박물관이 아니었다. 마이산 인근에 가위박물관이 문을 열었다
는 소식을 듣고 발걸음을 향했다. 가위를 테마로 한 세계 유일의 박물관이다. 이곳에는
한국을 비롯해 동서양의 다양한 가위가 1,561점이 전시돼 새로운 볼거리로 자리매김할
예정이다.
　하지만 가는 날이 장날이라고 했던가. 어렵게 찾아간 가위박물관은 문이 닫혀 있었다.
내년 4월 정식개관을 앞두고 임시 개관이라 알고 있었지만 굳게 닫힌 문은 허탈한 마음
을 자아내게 만든다.

걸음을 인근 역사박물관으로 옮겼다. 이곳은 용담댐 건설로 인해 수몰된 지역의 유물을 보존, 전시하는 곳이다. 용담댐 건설이 한창 진행 중 수몰지역 주민들은 삶의 터전을 다른 곳으로 옮겼고, 이곳에선 선사나 고고유물이 대량 발굴됐다. 유물들은 선사시대부터 조선시대까지 진안의 역사를 한 눈에 알려주며 또한 민속관과 기록관을 통해 진안의 과거와 현재의 흔적까지 찾을 수 있다.

이곳까지 갔으니 마이산 구경을 빼놓을 수 없다. 흔히 마이산을 보기 위해선 남부주차장 방향을 찾는다. 걸어서 쉽게 마이산 돌탑에 도착할 수 있기 때문이다. 역사박물관이 있는 북부주차장에서 마이산 돌탑을 보려면 산 하나를 넘어야한다. 외형에서 알 수 있듯이 마이산은 쉽게 넘을 수 있는 산이 아니다. 때문에 상대적으로 북부주차장 방향은 한산하다. 하지만 진안군은 몇 년 전부터 이곳에 공을 들이는 듯하다. 진안홍삼스파도 이곳에 있고, 역사박물관 뿐 아니라 이번 목적지였던 가위박물관도 북부주차장 방향에 있다. 또 하나 빠질 수 없는 것이 역사박물관 바로 옆에 있는 조그만 호수인 사양제다. 바람 한 점 없는 날 사양제를 찾으면 눈앞에 펼쳐진 마이산과 호수 위에 반영된 마이산을 동시에 볼 수 있다. 마이산 봉오리가 네 개가 되는 셈이다. 아쉬운 점은 3~4년 전 호수 이 곳 저 곳에 데크가 설치돼 완벽한 마이산 반영을 볼 수 없다는 것이다. 지나친 개발은 아니함보다 못한 것인데, 데크가 설치된 이후 마이산 반영을 찍으려는 전국의 사진가들이 외면해 버린 곳이 됐다. 두고두고 아쉬울 뿐이다.

고향길에서

1.
내 고향의 원적은
사매면 서도리 449번지
중정 사이 한
몸채 사랑채도
이제는
성바지 다른
사람들이
살고 있다

2.
서쪽 에두른
노적봉 중턱의
호성암 옛자취도
할아버지 형제분 독서당도
그 자취
두리번 두리번
살펴도
적실치 않다

3.
새로 터잡은
혼불문학관은
크고 넓다라이
자리했거니
내 고향
새로운 자랑은
이어 이어
빛나리

4.
오늘의 내 삶은
새장같은 아파트
십사층 이백 오호 때로
내 고향 원적 생각이면
"메마른
입술이 쓰디쓰다"
지용의 향수를
읊조린다

　남원사 사매면은 최승범 교수의 고향이자 소설 '혼불'의 주무대로 잘 알려져 있다. '혼불'의 작가 최명희와 그의 작품 세계를 조명하기 위해 '혼불문학관'이 이곳에 있음은 결코 우연이 아니다. 노적봉을 뒤로 한 채 양지바른 곳에 터를 잡은 혼불문학관은 소설 '혼불'에 나오는 혼례식이나 소꿉놀이, 연날리기, 베짜기 등의 주요 장면이 재현돼 있고, 최명희 작가의 집필실, 작가 유품, 작가의 생애와 혼불 사건 연보 등이 전시돼 있다. 또 물레방아, 분수 연못, 실개천, 청호저수지 등이 있는 혼불공원도 있어 봄날 아이들과 소풍에 제격이다.

이곳은 소설 '혼불'의 주요 무대다. 소설의 중심 무대인 종가에는 한 사람의 아낙에서 벗어나 종부의 핏줄을 받치고 있는 청암부인의 기상이 서려있다. 종가 담장 안 뒤편엔 대원군 서원철폐령에 따라 없어진 노봉서원의 주춧돌도 만날 수 있다. 문학관 바로 옆엔 청암부인이 2년여에 걸쳐 만들었다는 청호저수지가 유유하게 방문자를 맞고 있으며, 작품 '혼불'이 샘을 이뤄 바다가 되기를 바라는 뜻이 담긴 새암바위도 문학관 옆에 자리를 지키고 있다.

이밖에 호성암, 노적봉 마애불상, 늦바우고개, 삼계석문, 구로정, 거멍굴 등 소설의 배경이며 작가의 숨결을 느낄 수 있는 장소가 이 곳 저 곳에 펼쳐져 있다.

'많은 사람들이 나를 남원여자라 부른다. 소설 덕분이다. 소설 속 등장인물은 대부분 남원말을 쓰는데 그 말씨가 애정이 가고 재미가 있다. 판소리 근원지라 가락이 있고 말 하나하나에 맛이 있다.'

최명희 작가가 생전 남긴 작가의 말 중 일부다. 작가는 이야기 사이사이에 당시 풍속사를 정교하게 묘사하고, 전통문화와 민속 관념을 치밀하면서도 폭넓게 형상화하고 있다. 소설 '혼불'이 많은 사랑을 받는 이유가 아마 여기에 있을 법 하다. 문학관 인근에 또 다른 명소가 있으니 서도역이다. 소설 속 중요한 배경이면서 1932년 지어진 가장 오래된 목조건물 역사다. 전국에서 가장 아름다운 역으로 손꼽히고 있으며, 2002년 전라선 철도 이설 후 헐릴 위기에 처했다가 2006년 남원시가 매입해 당시 모습으로 복원하고 현재 모습을 유지하고 있다. 아무도 찾지 않는 쓸쓸한 역이지만 소설 속 주인공을 비롯해 과거 수많은 사람들의 숨결이 아직도 남아 있는 느낌이다.

박명용 시인도 이렇게 노래했다.

숨 끊긴 서도역은 살아 있었다
한 컷의 시간들이 꿈틀대고 있었다
잔뜩 손때가 묻은 대합실 문잡이이며
사랑한다는 낙서며 덜렁거리는 나무조각이며
모두가 사람의 혼불을 피우고 있었다
서도역은 숨을 쉬고 있었다
　　(중략)

송참봉민속마을

1.
민속마을 여기저기
가웃거려 보아도
구름 낀 날씨
쌩그럼도 했지만
어쩐지
생각 밖이어서
탐탐하지
않았다

2.
이 마을 내력
잠시 참 추스르며
참봉 마을 줄기를
곰곰 가름해 보자
구한말
'원납전'과 바로
얽혔다는
생각이다

3.
참봉 벼슬이란
말단의 종구품 벼슬
생땅 내 주고
그 하나 돈샀다면
저때의
저 셈 득실은
뭐라 할 수
있을까

4.
부질없는 이 저 생각
다 날려 버리고
바로 이 눈앞
송참봉민속마을
멀고 먼
빛남을 위해
오늘을
가꿀일이다

　휴대폰을 끄고 인터넷조차 되지 않는 곳에서 잠시나마 휴식을 원한다면 찾아야 할 곳이 있다. 정읍 송참봉 조선동네다. 시간을 거슬러 올라간 느낌이 드는 이 동네는 말 그대로 타임머신을 타고 조선시대를 방문한 느낌이다. 초가 지붕위엔 낯모를 새가 앉아 있고 따뜻한 햇볕엔 강아지가 하품을 하고 있다. 오리나 닭들은 무리지어 이동하고 물기가 남은 맨 땅엔 행여 옷이라도 더럽혀질까봐 발을 최대한 올린 채 걸어야 한다.

　원래 이곳은 큰 동네가 있었는데 50년 전에 사라지고 논밭으로 이어져 왔다. 이후 1995년 전통마을 재현을 결심하고 계획을 세우다 2005년 부분완공을 하게 됐다. 인근 동네 주민들이 참여해 직접 마을을 만들었고, 오늘도 해가 뜨면 일하고 해가 지면 공부하는 마음으로 동네를 가꾸고 있다. 전통을 추구하는 마을답게 현대인들에는 다소 부족하고 불편하지만 옛날 우리네 할아버지, 할머니들의 삶을 간접적이나마 느낄 수 있다. 문명의 이기를 멀리 한 탓에 지금의 생활과는 많이 다른 모습을 보여주고 있는 동네는 낮은 처마와 출입문, 고르지 못한 보행로, 여기저기 흩어져 있는 가축과 벌레 등 모든 것이 생소하게 느껴진다.

동네를 조성한 송참봉은 실제 참봉은 아니지만 고조가 참봉벼슬을 받은 연유로 동네 이름을 정했다. 조선시대 참봉은 하위직 말단직이었다. 하지만 중앙에서 파견된 고위 관료들도 함부로 하지 못했던 지역의 재력가들이 차지했던 벼슬로 알려져 있다.

동네는 현재도 조성 중이다. 옛날집의 구들장과 주춧돌 등의 자재를 사용해 100년 전 추억을 현재로 이동시키는 작업이 한창이며, 심지어 숙박을 이용하는 사람들에겐 요강까지 제공될 정도다. 특히 이곳이 관심을 받는 것은 겉과 속이 다른 타 민속마을과 다르다는 점이다. 겉은 예전 그대로지만 안으로 들어가면 최첨단으로 구성된 타 민속마을에 비해 이곳은 철저하게 조선시대다. 저렴한 가격이지만 숙박비를 받음에도 그 흔한 TV조차 없다. 화장실과 샤워실은 동네 한쪽에 마련된 공동화장실과 공동샤워장을 이용해야 한다. 새벽에 화장실 가는 것을 대비해 각 방엔 요강까지 구비돼 있을 정도다.

안타까운 소식도 전해졌는데, 최근 송참봉의 건강이 악화돼 잠시 동네가 문을 닫은 적이 있었다. 다행스럽게 1년 넘게 굳게 닫힌 문이 최근 열렸지만 송참봉 대신 다른 사람이 대표자로 이름을 올렸다. 동네를 운영하기엔 힘들 정도로 건강이 좋지 않다는 뜻이다. 문을 다시 연 동네는 송참봉이 그렸던, 100년 전 추억을 상기시켜주는 곳 그대로다. 아직까지는 물질문명에 물들지 않았지만 많은 사람들이 찾다보면 희석될 수 있는 가능성도 있다. 하지만 동네를 조성한 송참봉의 뜻을 유지하고 다소 불편하더라도 불편함을 감안한 채 옛 것을 그대로 유지함이 동네가 존재해야 할 이유임을 항상 염두에 두길 바라는 마음이다.

덕진공원 길

1.
겨울 같지 않은
봄날 같은 날씨다
덕진공원에
문득 생각이 미쳤다
게다가
미음완보 같이할
일행도
갖췄거니

2.
연지문 들어서자
서녘 햇살받이
원내도 생기로워
생기를
일돋우거니
기쁘지
않으랴

3.
이 고장 출신 시인상이며
법조 삼성 동상이며
한때 비석천지란
비아냥도 있었지만
공원 안
이 자랑들을
내칠 것이
있겠는가

4.
연꽃대 갈밭처럼
꺾이고 뒤섞인 양
먼발치 바라자면
연못의 덕목이어
한 풍치
한 풍치가 바로
한 폭의
묵화일레

　전주 덕진공원만큼 시민들의 사랑을 받는 곳이 있을까. 봄이면 다양한 꽃들이 가슴을 설레게 하고 초여름이면 연꽃이 대장관을 이룬다. 과거 유흥문화가 발달되지 않은 시절엔 선남선녀들이 즐겨 찾는 데이트 장소이기도 하다. 도심에 위치해 있어 남녀노소 관계없이 쉽게 접근할 수 있어 더욱 그렇다.

　덕진공원을 상징하는 연못의 조성은 여러 이야기가 전해진다. 동국여지승람에 의하면 전주는 3면이 산으로 둘려 쌓였고 북쪽은 낮고 열려 있는 형태다. 때문에 땅의 기운이 흘러가는 것을 막기 위해 연못을 만들었다고 전해진다. 또 후백제 견훤이 도시방위를 위해 늪을 만들었다는 이야기도 있다.

덕진공원의 백미는 장엄할 정도의 홍련이다. 6월 중순부터 피어나는 수만 송이 연꽃은 바람에 춤추듯 하늘거리며 존재감을 과시한다. 연꽃이 품어내는 향은 덕진공원 전체를 뒤덮을 정도며 덕진공원의 연꽃은 '덕진채련'이라 해 전주 8경 중 하나에 포함된다.

음력 5월 5일이면 또다시 사람들로 북적인다. 단오날이다. 지금이야 꿈도 꿀 수 없지만 과거 덕진연못은 신성한 약수로 알려져 있다. 단오날이 되며 전국 여인들이 이곳을 찾아 머리를 감으며 물맞이 행사를 했다. 덕진연못에 몸을 씻으면 부스럼, 땀띠 등 모든 병이 나았다고 전해지지면 현재는 오염된 탓에 다른 곳에 물을 가져와 행사를 치르고 있다.

이렇든 많은 사랑을 받다보니 다양한 기념비도 이곳을 자리를 잡았다. 간재 선생 유허비를 비롯해 전봉준 장군 동상, 김일두 선생비, 법조 3 성동상, 신석정 시비 등 13개나 된다. 시민공원이 아니라 비석공원이란 비아냥도 있었지만 그만큼 의미 있는 장소로 여겼을 터다. 기념비에 적힌 글귀를 하나하나 읽어보며 걷다보면 몰랐던 지식을 얻는 소중한 기회가 된다.

어디 이뿐이랴. 덕진공원의 또 다른 상징물인 연화교와 연화정, 음악분수, 취향정, 시민갤러리, 보트장 등은 시민들이 자주 이곳을 즐겨 찾는 장소로 여기는 일등공신이다. 해마다 여름이면 진행되는 여름 분수쇼는 클래식, 록 음악 등에 맞춰 이리저리 춤을 추는 물줄기를 통해 청량하고 시원한 여름밤도 보낼 수 있다.

전주 시민이라면 누구나 하나 정도 사연을 가지고 있는 덕진공원이 이제는 추억에만 머물지 않고 활기찬 미래를 향한 발걸음을 기대해본다.

부안 청자박물관

1.
부안 청자박물관
찾아 나선 길
차 안에서 나는
엉뚱하게도 문득
초정의
〈시와 도자〉가
눈 앞 갈아
들었다

2.
박물관 들어서자
두 눈도 부시어라
오르랑 내리랑
에스컬레이터가 돌고
삼천 원
관람권부터
구입해야
했다

3.
십이동파도 바로 앞
뱃길의 조난이었거니
저날의 거친 물살
역으로 만났던가
잠시참
참상의 아비 규환
두 눈 감고
당겨 보네

4.
부안 청자박물관
뒷걸음치며 우러르며
경건한 가슴
다시 모두우니
이 나라
내 나라 국력
눈물 나게
고맙다

　　고려청자. 이조백자.

　　듣기만 해도 가슴이 설렌다. 우리의 소중한 보물이요, 세계가 인정한 유산 아니던가. 가까이 할 수 없지만 대한민국 국민이라면 항상 가슴 속 깊이 간직하고 있는 자랑거리다. 이런 자랑거리가 우리 지역 부안에서 생산이 됐다니 또 한 번 놀랄 일이다. 천년 부안청자의 부활을 꿈꾸며 우뚝 선 건물이 있다. 부안청자박물관이다. 청자의 옆모습을 싹둑 자른 모습인 박물관은 세계 도자기 가운데 으뜸인 고려상감청자를 제작했던 부안군 보안면 유천리에 자리잡고 있다. 국가사적 제69호 유천지 요지에 있는 박물관은 비색의

청자 찻잔 형태로 전시동과 체험동, 야외사적공원 등으로 구성돼 있다.

우리가 알고 있는 고려청자는 당초 중국의 청자 제작기술을 전수받은 형태다. 고려시대부터 만들기 시작한 청자는 실용성과 장식성을 고루 갖춘 우리의 대표적 공예품이다. 부안 상감청자는 고려청자 중 명품으로 인정받고 있으며 부안 유천리가 대표적인 생산지였다. 고려청자는 상감기법을 한 상감청자와 철화청자, 비색청자 등 다양한 종류가 있다. 박물관 내 전시된 다양한 청자들을 보노라면 그 고운 빛과 아름다운 모양에 우리 선조들의 섬세한 예술혼을 느낄 수 있다. 자기 외부엔 동물, 식물, 인물 등을 소재로 한 다양한 무늬 등이 그려져 있고, 특유의 비색과 하얀색이 서로를 시기하듯 뽐내고 있다. 갯벌에 묻힌 유물의 모습을 재현한 곳에 다다르면 금세라도 바다에 뛰어들어 청자 하나 들고 나올 기세다. 또 부안에서 제작된 청자들이 개경으로 운반되는 과정을 통해 국가적 차원에서 고려청자를 아끼고 관리했음을 알 수 있다. 수많은 청자들이 사라졌고, 임진왜란 이후 많은 도공들이 일본으로 끌려 간 아픈 역사도 있지만 전시장 안 푸르른 청자는 천년 세월을 뛰어넘어 다시 살아 숨 쉬는 우리의 소중한 문화자산이다. 인근에 마련된 야외사적공원에서는 고려청자를 구워냈던 가마터가 1998년부터 발굴조사 돼 현재의 모습을 갖추고 있으며, 아이들을 위한 극장식 4D 영상도 상영돼 더욱 호기심을 이끈다.

지금은 보물로 지정될 정도로 멋진 도자기들이 당시에는 실생활에서 사용됐다니 조상들의 여유로움에 더욱 부러움이 생긴다.

전주 역사박물관

1.
쑥고개 같은 길에
저켠은 국립박물관
이 한켠에는
전주역사박물관
반공에
덩실하거니
우러러서
몇 층인가

2.
몇몇 해 전만해도
이 길 지나면서
두 눈 다 뜨고도
건성이었던가
이렇듯
큰 규모인가
발돋우어
다시 보네

3.
전주역사박물관
관장실을 들렀으나
이동희 관장은
때마침 출타 중
덕분에
사사물물을
즐겨볼 수
있었지

4.
빛살 넓게 펼친
안온한 온고을
전주 자랑이야
해와 달에 맡기고
잇달은
총생들 맑고 밝은
기운 역사 앞에
빌고 비네

　'나의 살던 고향은 꽃피는 산골'은 아니더라도 누구나 고향에 대한 자부심을 가지기 마련이다. 내 고향 전주가 그렇다. 전주 하면 우선 따뜻함과 안정감이 느껴진다. 어머니 품에 안긴 포근함도 빼놓을 수 없다. 전주시민이면 누구나 공감할 것으로 기대된다. 하지만 우리는 전주에 대해 얼마나 많이 알고 있는가. 전주의 역사, 전주의 인물, 전주의 모든 것이 담겨 있는 곳이 있다. 전주역사박물관이다. 이곳에 가면 선사시대부터 수천 년을 이어온 전주를 한 눈에 알 수 있다. 박물관에 소개된 전주의 역사를 간단하게나마 알아보자.

전주는 통일신라시대에 이르러 전북의 중심지로 성장했다. 그 이전 중심지는 익산이었다. 통일신라 신문왕 5년 완산주가 설치돼 전북일원을 총괄하게 됐다.

전주란 지명 또한 통일신라 때 등장했다. 전주의 옛 지명은 완산이었다. 완산은 완산칠봉에서 유래한 것으로 경덕왕 16년인 757년 한자식으로 바뀌면서 전주로 개명됐다. 전주란 지명은 모든 것을 두루 갖춘 곳이란 의미로 우리말로 온고을로 해석된다. 이는 전주가 그만큼 사람살기 좋은 조건을 갖춘 곳임을 의미한다.

전주가 역사적 중심지로 떠오른 것은 견훤에 의해서다. 892년 무진주(광주)에서 일어난 견훤은 900년 전주에 도읍을 정하고 후백제란 국호와 백제왕을 칭하면서 국가수립을 대외에 수립했다. 일찍이 새로운 시대를 열망하는 미륵신앙이 왕성했던 옛 백제 땅에서 세력을 키운 견훤은 중국의 오월 및 일본과 외교를 확장하는 한편 927년 신라 수도 경주를 침공해 경애왕을 제거하고 경순왕을 세우기도 했다. 고려와 전투에는 연승하면서 10세기 초 가장 강력한 국가로 등장했다. 하지만 930년 고창 전투에서 고려에 대패한 이후 급격한 전력 상실과 왕실 내부 갈등이 후백제 중심 세력간 권력쟁탈과 맞물리면서 백제의 꿈은 사라지게 된다.

후백제 멸망 이후 고려시대 잠시 주춤했던 전주는 조선시대에 다시 부각된다. 전주는 태조 이성계 선대들이 살았던 곳으로 조선왕조 발상지이며 전라도 일원을 관할했던 전라감영 소재지였다. 넓은 곡창지대로 인해 풍부한 경제력을 가졌고 조선시대 3대 도시 중 하나로 성장했다.

풍부한 경제력은 예향의 도시로 인도하는 견인 역할을 했다. 소리, 음식, 한지, 출판, 서화 등 문화예술을 꽃피워 예향의 도시로서 조선시대 문화예술을 선도했고, 또 사상과 종교의 성지로서 조선말 동학, 천주교 등 새로운 사상을 발전시켜 새 사회를 연 주축이었다.

하지만 훈요십조를 앞세워 전라도 사람의 등용을 반대했던 고려 왕건과 비슷한 사건이 벌어진다. 1589년 선조의 미움을 받아 낙향한 정여립은 대동계를 조직해 선조 모반을 도모하게 된다. 이른바 기축옥사다. 이 사건으로 3년에 걸쳐 1,000여 명이 희생되고 전라도는 반역향이 돼 지역인재들의 중앙 진출이 억제됐다. 하지만 이후 모반사건은 서인이

동인을 타도하기 위해 꾸며낸 당쟁의 산물이란 날조설이 끊임없이 제기돼 왔다. 실제 날조설이 맞든 실제로 모반을 꿈꾸었든 전북은 기축옥사로 인해 현재까지도 그 피해를 고스란히 이어지고 있는 상황이다.

보석박물관

1.
익산시에 자리한
〈보석박물관〉을 찾았다
나와는 연줄 먼
보석들이지만
한동안
14케이 반지를
낀 일이
있었지

2.
내 몸에 금붙이는
걸맞지 않았던가
두 번째 입원에서
잃고 말았다
몸에서
떠날바에는
잘된 일이
아니겠나

3.
이어령 교수의
한 명언이다
〈어떠한 보석도
진열된 것이라면〉
그것도
한갓 모조품
이라는 것
명언이다

4.
몽골에 전한다는
몽골 속담 하나
〈현신의 충언은 나라의 보석
현처의 충고는 집안의 보석〉
박물관
돈 주고 산 입장권을
돌려받은
기쁨이다

보석은 여자들만의 전유물인 줄 알았다. 적어도 보석박물관을 찾기 전까지 말이다. 영화나 드라마에서 보석의 매력에 빠져드는 여인들을 보면 솔직히 이해가 되질 않았다. 결혼 등 중요한 행사에 왜 보석을 주고받는지 마찬가지였다. 보석이 다른 광물들과 어떤 차이가 있단 말인가.

익산 보석박물관은 이런 미개한 사람들을 위한 공간인 듯싶다. 진귀한 보석 약 11만 8,000여 점이 무식한 방문자를 비웃듯 반짝이고 있다. 또 보석의 탄생과정부터 연마방법, 다양한 보석의 종류 등 보석에 대한 전반적인 지식과 학습까지도 할 수 있는 교육의 장이 되고 있다.

왜 익산이 보석으로 유명한 지 이참에 알았다. 과거 백제시대로 거슬러 올라가야 한다. 익산은 보석의 도시로 유네스코 세계유산 백제문화유적지구로 지정될 만큼 찬란한 금속문화를 이룬 곳이다. 현재 들어서는 지역의 특화산업으로 보석을 선택했고, 귀금속 가공산업의 우수성과 보석의 아름다움을 전국에 알리고 있는 곳이다. 바로 옆에 보석 판매장이 있는 이유다. 하지만 언감생심이라 할까. 수많은 보석들이 주인을 기다리고 있지만 애써 인연이 없다고 되새기며 발길을 돌려야 했다.

박물관엔 낯익은 보석들도 많지만 사실 처음 보는 것이 대다수다. 사실 여러 광물 중 하나로 치부했던 보석이건만 이곳에서 실제 접하다보니 다양함에 잠시나마 눈요기로 만족해야 했다.

이밖에 보석꽃과 오봉산일월도, 미륵사석탑 순금 전시품 등 진귀한 볼거리도 이곳만의 자랑이다. 보석을 상징하는 박물관 건물 모습도 이색적이다. 대형 유리 피라미드 건축물은 외형적으로 프랑스 루브르박물관과 유사한 형태로 빛을 밝힌 야경이 무척 아름다우며 환상적이다. 또한 야외 보석광장에 설치된 '영원한 빛' 대형 다이아몬드 반지 조형물은 보석과 익산의 밝은 미래를 상징하고 있다.

이뿐 만이 아니다. 보석박물관은 다양한 보석체험 교육프로그램을 운영하고 있으며, 지질시대 공룡과 화석의 역사를 감상할 수 있는 화석전시관과 공룡테마공원이 함께 조성돼 있어 가족단위 휴식공간으로서 손색이 없다.

보석에 대해 좀 더 많은 지식과 관심이 생길 날에 다시 한 번 이곳을 오리라 다짐하며 발길을 돌렸다.

순창 장류박물관

1.
언젠가 들러보고 싶다
벼르던 곳이다
순창장류박물관
모처럼 틈을 냈다
함께 한
친구도 있어
날개 돋친
흥이었다

2.
장류 중에서도
순창고추장 간장 된장은
콩 메주 수질
그 맛이며 빛깔도
이름난
진상품이었음을
삼척동자도
아는 사실

3.
순창 고추장 때로
밥상에서 만나면
나는 서슴없이
비빔밥을 요량한다
알싸한
맛이 개운한
입안도
즐겁다

4.
순창장류박물관
공간 공간 살피며
관람 표지 화살표
지시 좇아 따르며
옛 문헌
전리 공간도
두리번거린
재미였다

　순창은 예로부터 장류의 고장으로 불렸다. 섬진강의 깨끗한 물과 회문산의 밝은 바람이 적절한 온도와 습도를 가져오기 때문이다. 순창은 발효에 필요한 황국균, 고추균 등 미생물이 잘 자랄 수 있는 환경 때문에 최고의 장맛을 이끌어낸다.

　순창의 연평균 기온은 13.2도, 안개일수는 77일, 습도는 72%로 모두 장이 만들어지는데 최고의 조건을 가지고 있다. 때문에 장류의 고장으로 순창이 손꼽히는 것은 당연한 일이겠다. 임금님 수라상에 순창 고추장이 진상됐다고 하니 그 명성이야 두 말하면 잔소리다.

순창 장류박물관은 말 그대로 순창 지역 전통 장류 문화의 모든 것을 담고 있다. 고추장의 종류와 역사, 된장이 만들어지는 과정 등을 알 수 있고 체험공간을 통해 직접 보고 느낄 수 있는 기회도 제공된다. 주방을 멀리하는 남자들 입장에선 별반 관심이 없을 수 있지만 이곳을 찾은 여자들은 순창 고추장 한 그릇 담기 바쁘다.

실제로 박물관 바로 앞엔 민속마을이 위치해 있고 이곳에선 장류에 관한 명인들이 운영하는 기념가게들이 즐비하다. 누구나 쉽게 살 수 있는 저렴한 고추장도 있지만 명인들의 특별한 비법이 담긴 고가의 고추장도 판매된다.

박물관에는 순창 고추장이 맛있는 이유를 자세하게 소개하고 있다. 우선 고추장 메주가 다르다. 순창전통고추장 메주는 다른 지방과 달리 멥쌀과 콩을 혼합해 도넛 형태로 메주를 만든다. 또 고추장 담그는 시기도 다른데, 순창은 음력 처서를 전후한 8월말에서 9월초 메주를 띄우고 음력 동짓달 중순에서 섣달 중순 사이에 담근다. 여기에 섬진강 상류의 맑은 물과 기름진 토양에서 생산된 고추와 콩, 찹쌀 등의 신선한 원료를 사용하니 그 맛이 일품인 것이다. 상기 언급한 물과 좋은 기후 역시 맛있는 고추장 만들기의 기본 재료다.

고추장 하면 옹기도 빼놓을 수 없다. 발효과정을 거치기 위해선 숨이 잘 통하는 옹기가 필수적이기 때문이다. 순창 옹기는 바람이 잘 통하고 항균성이 탁월해 한국 최고의 장맛을 제대로 숙성시킨다. 또 자기와 달리 흙의 강한 생명력을 바탕으로 환원이 빠른 자연순환성과 자연에서 얻은 색감이 보는 이의 눈길을 사로잡는다. 박물관 바로 뒤엔 옹기체험관이 있으니 반드시 들려보도록 하자.

군산 근대역사박물관

1.
어떻게 꾸몄을까
솔찬이 궁금했다
입장료를 받으나
경로우대 받아 무료다
군산의
해망로 지번인
240에
자리하고 있다

2.
지난날 이 내항의
지번이었다면
일제 때 바로인
저 수탈의 거점이었거니
저 당시
미두장 미두꾼은
어떤 뱃심
이었을까

3.
일 이 삼층 여기저기
둘러 둘러 보며
기증품 전시에선
유명인사 이름도 보며
시민들
단합한 울력이면
못할 일
있겠는가

4.
군산근대역사박물관
돌며 보며 생각하며
대충 대충 세상을
살 것만이 아니라
내나라
앞날도 댕겨 보는
먼꿈 생각
해야겠네

　지금이야 역사적 의미가 부여되면서 관광지로 부상하고 있지만 군산은 아픈 역사를 가진 곳이다. 일제 강점기 군산은 수탈의 현장이었다. 호남지역에서 생산되는 쌀을 비롯해 각종 물품이 군산항을 통해 일본으로 건너갔다.

　군산엔 이를 위해 조성된 건물 및 장소들이 많이 남아 있다. 옛 조선은행이 그렇고 군산세관, 내항, 부잔교 등이 그렇다. 1900년대 초기 조성된 이 시설들은 일제가 수탈한 쌀을 일본으로 보내는 역할을 했다. 반면 내용이야 어떻든 이런 시설들이 조성됨에 따라 당시 군산은 상당히 번성했던 도시로 남아있다. 문헌에 따르면 1900년대 당시 은행이 2개나 있었고, 공연장과 극장도 있을 정도로 경제문화 방면에서 앞선 도시였다.

최근 들어 군산이 다시 주목받고 있다. 1900년대 조성된 건물들이 '근대문화'의 산물로 여겨지면서 눈길을 끌고 있는 것이다. 해체와 보존 사이에서 갈등하던 군산시는 보존으로 결론을 냈고, 아픈 역사지만 후손들에게 교훈을 남기기 위한 결정을 했다. 다양한 건물들이 근대문화유산에 지정이 되면서 그 속도는 점차 빨라졌다.

전주에 한옥마을이 있다면 군산엔 근대문화유산거리가 있다는 말이 나올 정도다. 주말이면 근대문화유산을 보기 위한 관광객들이 군산시를 누비고 있다. 또 이를 위해 세관이나 은행은 갤러리나 찻집으로 변화를 시도해 관광객들의 발길을 유도하고 있다.

무엇보다 눈길을 끄는 것은 근대역사박물관이다. '역사는 미래가 된다'는 말 아래 군산의 옛 모습과 근대문화자원이 보관돼 있다. 박물관은 해양물류역사관, 독립영웅관, 근대생활관, 기획전시실, 기증자전시실, 어린이체험관 등으로 구성됐다. 해양도시로서 군산의 역사적 사건과 유물들을 만날 수 있으며, 또 호남지역 최초 3.1만세운동과 옥구농민항쟁 등 독립운동과 관련된 역사적 의미도 찾을 수 있다. 근대생활관은 당시 거리모습을 완벽하게 재현해 마치 시간여행을 간 착각을 일으킬 정도다. 일제 강점기 수탈됐던 가슴 아픈 과거와 당시 상가, 생활용품 등이 전시가 돼 있고, 영화촬영장 같은 세트건물이 눈길을 끈다.

'유산'이란 타이틀 아래 보존되고, 후손들에게 역사적 교훈을 주는 장소가 됐다. 하지만 당시우리 선조들의 피와 땀 그리고 아픔이 배어있음을 느끼니 마냥 즐거운 관람이 되지 못함이 아쉬움으로 남는다.

정읍 시립박물관

1.
지하 일층 지상 이층
현대식 건물이다
정읍시립박물관
들어서기 전인데도
문창후
최치원 선생
생각부터
일었다

2.
그도 그럴 것이
근원부터 챙기자면
오늘의 정읍시
문물제도 남상도
줄기는
줄기 줄기 앞날도
줄기질 일
아닌가

3.
정읍사 달노래도
상춘곡 음풍 농월
판소리 규방가사
우도농악 상모돌림
얼씨구
절씨구 어절씨구
깽깽
깽매깽

4.
정읍시립박물관
자랑의 부피는
오는 날 오는 날도
일일신 우일신 일찌니
정읍시
시립박물관
만세를
부르자구

일반적으로 정읍은 내장산이 떠오른다. 가을이면 불이 난 것처럼 내장산을 물들인 새빨간 단풍이 전국 일품이기 때문이다. 알록달록한 단풍을 보며 걷는 상춘객들은 무릉도원이 온 것 같은 착각이 들 정도다. 심지어 상춘객들의 의상조차 알록달록해 단풍과 사람들이 한 데 어우러진 장관을 연출한다.

하지만 정읍은 예부터 역사적으로 문화적으로 의미 깊은 도시다. 현존 유일의 백제가요 정읍사가 이곳에서 시작했고, 현재까지도 그 맥이 이어지고 있는 소리의 고장이다. 조선후기 8명창의 으뜸인 박만순을 비롯해 수많은 명창을 배출됐고, 단소 명인 전용선,

국가지정 무형문화재 가야금산조 김윤덕 명인도 이곳 출신이다. 또 조선시대 중앙정부에서 연주했던 정읍 풍류도 아직까지 맥을 잇고 있다.

어디 이뿐이랴. 인근 태인은 출판문화의 꽃을 활짝 핀 곳이다. 일반인들에게 판매하기위해 간행된 방각본은 전주보다 시기를 앞섰으며, 교양서적, 농사기술서적, 백과사전 등다양한 서적들이 이곳에서 간행됐다. 최치원, 정극인으로부터 이어져 내려오는 풍류정신과 선비문화의 전통이 고스란히 반영된 탓이다.

또한 임진왜란 때엔 조선왕조실록과 태조어진을 지키는 역사지킴이 역할도 담당했다. 임진왜란 때 타 지방의 실록은 대부분 사라졌으나 전주사고 실록만이 유일하게 남게 됐다. 내장산 용굴암과 은적암, 비래암 등으로 자리를 옮기면서 왜군의 손길을 피했고, 전란이 끝날 때까지 무사하게 보관될 수 있어 정읍은 조선의 역사를 지킨 고장으로 칭한다.

역사를 지키고 나라의 안위를 위해 목숨을 걸었지만 불의를 보면 참지 못하는 의로운고장이기도 하다. 대표적인 게 동학농민혁명이다. 전봉준, 김개남 등 동학농민혁명 지도자들이 이곳에서 배출됐고, 혁명의 시작을 알리는 사발통문 거사계획과 고부농민봉기가발생한 곳이다. 또 황토현 전투를 통해 혁명이 전국으로 확산됐고, 전봉준의 마지막 전투였던 태인도 바로 인근에 있다. 조선말 사회의 모순 극복과 제국주의 침략에 항거하기위해 일어난 조선민중의 힘은 정읍을 중심으로 발생했고 혁명의 시작과 끝을 함께한 역사적 중심지가 다름 아닌 정읍인 것이다.

곤지산 숲길 산책로

1.
이팝나무 숲길을
쉬엄쉬엄 더터오른다
삼십삼천을
바라 오르는 느낌이다
날숨도
감추지 않고
예사로이
뿜는다

2.
이팝나무 숲길은
철이 아직 이르다
잎철인 오월이
제철이랬던가
이 생각
저 생각 오른 길이
마루턱에
이르렀다

3.
곤지 망월은
건지산 막 떠오르는
달님 품고 비손이어야
하늘 땅도 감응이랬다
나 오늘
천지신명께
초가 삼간
빌고 싶네

4.
저기 저기 저 달 속에
계수나무 박혔으니
옥도끼로 찍어 내고
금도끼로 다듬어서
한 누리
한 세상 사람들
더불어 더불렁
살고 지고

　신전라박물지 마지막편이다. 매주 일요일이면 고하문학관에서 출발해 목적지로 향했다. 그럴 때마다 궁금한 곳이 있었으니 남부시장 건너편 작은 언덕이다. 밑에서 보면 사람이 이용할 수 있는 계단이 설치돼 있고 높지 않은 정상엔 펜스가 설치돼 있다.

　어떤 공간인지 무척 궁금하던 찰나, 마지막 기념으로 그곳을 향했다.

　뒤편으로 돌면 완만한 길이 있지만 초행자가 그 사실을 알리는 만무했다. 정면에 보이는 가파른 계단을 숨을 가쁘게 오르자 작은 언덕이 나온다.

　곤지산에 위치한 곤지망월이다. 여자들이 보름날 달의 기운을 받는다 해 흡월대라고도 불린다. 전주 10경 중 하나인 이곳은 멀리 기린토월, 남고산 등 전주 전경이 한 눈에 들어오는 몇 안 되는 곳이다. 봄이면 이팝나무가 흐드러지게 피는 곳이고, 일 년 365일 전주시민들이 즐겨 찾는 등산코스다.

하지만 유쾌하지 않은 이야기도 깃들어 있다. 이곳은 조선말 천주교 박해가 심하던 시기, 순교자들의 목숨을 거둔 곳이다. 초록바위라 불렸으며, 바로 밑이 흥선대원군 시절 요한 남종삼의 아들 남명희가 물에 빠져 순교했다. 지금도 이곳엔 당시 이들의 깊은 신앙을 감싸고 흐르고 있는 전주천이 있으며 기념비와 벽화가 있다.

뿐만 아니라, 조선시대 이곳은 죄인들을 참형했던 곳으로 알려져 있다. 망나니들의 시퍼런 칼날 아래 수많은 죄인들의 목이 떨어져 나갔던 곳이고 그래서인지 으스스한 기운이 지금도 전해진다. 1894년 동학농민혁명 김개남 장군도 이곳에서 처형을 당했다는데 결코 우연이 아님을 느껴진다.

때문에 흡월대 정상엔 시민들의 편히 쉴 수 있는 벤치 등과 함께 동학농민혁명 시작을 알리는 사발통문이 자리를 잡고 있다.

하지만 이제는 모두 지나간 이야기들이다. 이곳은 새롭게 기상하는 전주의 모든 것이 시야에 가득 들어온다. 바삐 움직이는 남부시장 상인들 모습이며, 달리는 수많은 자동차들과 시민들 그리고 전주의 랜드마크인 한옥마을 등 이 모든 것들이 전주다움의 표상들이다. 이날따라 흡월대를 강하게 내리쬐는 마지막 겨울 햇빛이 반갑기만 하다.

■ 신전라박물지를 마치며

갖가지 사연 담은 그곳에서 일상의 특별함을 보았다

어느새 2년이 됐다.

2015년 3월 첫 회가 나간 이후 당초 목표인 100회를 채웠다.

계절이 여덟 번 바뀌면서 많은 곳을 돌아다녔다.

신전라박물지 시작은 최승범 교수의 제안으로 시작됐다.

'마지막 작업'이 될 것이란 말과 함께 신문 연재를 부탁했다.

프랑스 르느와르 박물지처럼 전북의 모든 것을 담아내고 싶었다.

이왕 시작하는 것, 시뿐 아니라 사진과 글도 함께 넣자고 역제안했다.

최 교수는 흔쾌히 받아들였고, 이렇게 신전라박물지는 시작됐다.

산민 이용 선생으로부터 '신전라박물지' 한문 제호도 받았다.

기세당당한 시작이었다.

하지만 고난의 길이란 것을 깨닫는 데 그리 오래 걸리지 않았다.

장소 물색은 최 교수의 몫이었다.

하지만 연재가 계속될수록 장소 물색은 점점 힘들어졌다.

최 교수의 나이를 감안해 산악 지역은 대상에서 제외했다.

길이 다소 완만한 완주군 화암사를 찾을 때도 내려오는 길에 넘어져 하마터면 불상사가 날 뻔한 일도 있었다.

평지에 있어야 되며, 자동차에서 근접한 장소야 했다.

또 추운 겨울이나 더운 여름에는 지극히 제한된 장소만 접근이 가능했다.

이러다보니 당초 계획과는 달리 장소 섭외가 매우 힘들게 됐다.

또 전주에서 다소 거리가 먼 남원이나 무주를 찾지 못한 아쉬움도 있다. 전북 방방 곳곳을 찾아보자는 계획을 이루지 못한 것이다.

우리에게 주어진 시간은 매주 일요일 4시간가량이었다.

하지만 원고를 탈고하고 탐방 지역을 물색하다보면 실제 주어진 시간은 약 2시간이다.

이 시간 안에 무주나 남원 지역을 방문하는 것은 무리였다.

원로인 최승범 교수와 작업도 만만치 않았다.

한평생 글쓰기에만 몰두한 최 교수에겐 요령이란 게 없었다.

신문사 창간이나 명절 특집이 발행될 땐 신전라박물지는 쉬어야 했다.

최 교수는 이를 용납하지 않았다.

신문사 사정을 이해하지도 않았다.

'연재는 약속이다'며 오히려 역정을 냈다.

넋 나간 표정을 지으면 '최씨 고집 몰라'라며 불편한 기색을 애써 감추지 않았다.

일부러 연락을 하지 않은 경우도 있었다.

미리 취재를 한 탓에 원고 걱정은 없었다.

2~3주 연락을 하지 않다 계면쩍은 얼굴로 찾으면 '다시 시작해야지'라며 팔을 벌린다.

아무 일도 없었다는 듯 신발 끈을 동여매기도 했다.

낯선 곳을 가면 항상 그 지역 특색 음식을 찾았다.

순창에선 다슬기탕을 모악산 밑에선 유명한 된장국집을 들렀다.

식당 주인들의 푸짐한 인심과 동네 사람들의 사람 사는 냄새도 물씬 느꼈다.

하지만 인적이 없는 산골을 찾을 때엔 식당이 없어 점심을 거르기도 했다.

함께 하다 보니 부자지간으로 여기는 사람들이 많다.

우연히 만난 지인들도 최 교수를 아버지로 여겼다.

애써 부인하지 않았다.

비록 피를 나눈 가족은 아니지만 우린 식구였다.

매주 일요일, 음식을 함께 먹는 식구(食口)인 것이다.

100회를 마친 후에도 일요일 아침엔 고하문학관을 가기 위해 습관처럼 눈이 떠진다.

다시 눈을 감고 늦잠을 요청할라 치면 어김없이 전화가 울린다.

최 교수다.

'점심 함께 해야지'란 말에 다시 고하문학관을 찾는다.

2년 동안 함께 했던 시간들을 회상하며 두 남자가 오늘도 수다를 떤다.

평범한 것부터 역사적 의미가 있는 곳까지 가지 않은 곳이 없다.

전북의 옛 역사와 의미를 상기시켰고, 새로움이 한 편의 시로 전달됐다.

주변 모든 것이 관심사로 인식됐고, 우리 고장 전북에 대한 인식이 변화됐다.

주변을 다시 한 번 인식하는 좋은 계기가 된 것이다.

신전라박물지와 같은 작업을 또 다시 할 수 있을지 장담할 수는 없다.

하지만 그런 기회가 다시 주어지길 바라는 마음이다.

소소한 일상에 특별한 의미를 부여하는 것.

이 정도면 멋진 작업 아닌가.

■ 저자 소개

시: 최승범

현) 전라북도 남원 출생. 시인. 문학박사.

현재 전북대학교 명예교수. 전주 고하문학관 관장.

《현대문학》(1958)에 시조를 발표하여 문단에 오름.

한국문인협회 전북지부장, 한국문화단체총연합회 전북지부장,

한국문화재보호협회 전북지부장, 한국언어문학회장을 지냈으며,

정운시조문학상, 한국현대시인상, 가람시조문학상, 한국문학상, 목정문화상,

민족문학상, 제1회 한국시조대상 등을 받음.

저서로 《한국수필문학연구》, 《남원의 향기》, 《선악이 모두 나의 스승》,

《시조에세이》, 《풍미기행》, 《한국을 대표하는 빛깔》, 《한국의 먹거리와 풍물》,

《3분 읽고 2분 생각하고》, 《벼슬길의 푸르고 맑은 바람이여》, 《꽃 여인 세월》,

《소리》, 《돌아보며 생각하며》, 《향수어린 책》 등이 있고, 시집으로 《난 앞에서》,

《자연의 독백》, 《몽골기행》, 《천지에서》, 《가랑잎으로 눈 가리고》

그리고 일본어역시집 《モンゴル紀行》, 《伴侶》 등이 있음.

글: 조석창

현) 전북중앙신문 문화부 기자

중앙대학교 신문방송 졸업

전북대 신문방송 대학원 수료

2015 전북기자상 수상

신전라박물지

ⓒ 최승범·조석창 2017

초판 1쇄 | 2017년 11월 30일
초판 2쇄 | 2019년 5월 15일
지 은 이 | 최승범·조석창
펴 낸 이 | 권 호 순
펴 낸 곳 | 시간의물레

등   록 | 2004년 6월 5일
등록번호 | 제1-3148호
주   소 | 서울시 마포구 마포대로 4다길 3, 1층
전   화 | (02)3273-3867
팩   스 | (02)3273-3868
전자우편 | timeofr@naver.com
홈페이지 | http://www.mulretime.com
블 로 그 | blog.naver.com/mulretime
▶
ISBN 978-89-6511-203-7 (03900)
정가 22,000원

■ 이 도서의 국립중앙도서관 출판예정도서목록(CIP)은 서지정보유통지원시스템
홈페이지(http://seoji.nl.go.kr)와 국가자료공동목록시스템(http://www.nl.go.kr/kolisnet)에서
이용하실 수 있습니다. (CIP제어번호 : CIP2017025327)